Elogios a *Propulsor*

"Os princípios apresentados em *Propulsor* nos ajudaram a transformar nossa empresa em uma organização de primeira categoria. Adotar o método prático do livro, focando os principais resultados, e dar ênfase à criação de uma Cultura de Accountability melhorarão os resultados de qualquer empresa."

— Scott Boatwright, diretor dos restaurantes Chipotle

"*Propulsor* se baseia nos alicerces estabelecidos em *O Princípio de Oz*, oferecendo-nos excelentes direções e insights contínuos acerca do fator de identificação de sucesso mais importante, porém muitas vezes negligenciado, dentro de uma organização... accountability. Um termo que é frequentemente usado, mas raramente aplicado de forma correta e consistente. Leia e releia *Propulsor*!"

— Dale Murphy, jogador aposentado da Major League Baseball, duas vezes MVP da National League pelo Atlanta Braves

"Os conceitos do livro *Propulsor* mudaram a maneira como vejo meus negócios e minha vida. Isso teve um reflexo positivo em minhas relações, tanto pessoais quanto profissionais. Ao me responsabilizar, posso ser um exemplo de accountability, melhorando meus relacionamentos."

— Susan Carroll, presidente da Inova Fairfax Medical Campus

"Este livro revela o poder do accountability pessoal e como você pode usar as ferramentas e técnicas simples descritas para capacitar sua organização a conquistar resultados que achava estarem fora de alcance."

— Robert Anderson, presidente do OSF HealthCare Saint Francis Medical Center

"Não importa qual desafio sua empresa esteja enfrentando, *Propulsor* é uma das formas mais poderosas de gerar resultados ao envolver e impulsionar completamente toda a organização."
— Elaine J. Thibodeau, líder de plataforma da Johnson & Johnson Surgical Vision

"Resumindo, essa abordagem *funciona*. As ferramentas e técnicas fornecem a uma equipe — qualquer equipe em qualquer tipo de organização — uma estrutura clara, compreendida em todos os níveis, e permite que cada indivíduo da organização assuma a responsabilidade por seu papel e suas contribuições. É poderoso, eficaz e claro — e funciona! Honesto."
— Elaine Ullian, CEO aposentada do Boston Medical Center

"Os princípios de *Propulsor* nos deram ferramentas as quais, até tê-las, não sabíamos que precisávamos. Agora, nossa organização está construindo ativamente uma cultura de accountability que oferece resultados — e complementa perfeitamente nossa missão de servir com o maior cuidado e amor."
— Irmã Diane Marie McGrew, presidente da OSF HealthCare

"Muitos líderes têm dificuldade em influenciar a cultura de sua organização. Às vezes, eles até têm um resultado oposto do anteriormente pretendido, porque complicam demais as coisas e acabam proporcionando a seus funcionários experiências negativas. O que há de brilhante na abordagem de obtenção de resultados articulada em *Propulsor* é sua elegante simplicidade. Trabalhando com a Partners In Leadership ao longo dos anos, não vi nada que chegasse perto. Os líderes adotam rapidamente as técnicas e estratégias, usando uma linguagem comum e um conjunto de ferramentas práticas que se incorporam profundamente na maneira como a empresa opera."
— Kevin Munson, chefe de Desenvolvimento de Liderança da Dish Network

propulsor

propulsor

Acelerando a Mudança
ao Desempenhar
o Accountability
da Forma Certa

Tanner Corbridge • Jared Jones

e os autores best-sellers do *New York Times*

Craig Hickman • Tom Smith

ALTA BOOKS
GRUPO EDITORIAL
Rio de Janeiro, 2023

Propulsor

Copyright © 2023 da Starlin Alta Editora e Consultoria Eireli.
ISBN: 978-85-508-1537-4

Translated from original Propeller. Copyright © 2019 by Partners In Leadership, LP, LLC. ISBN 9780525537830. This translation is published and sold by permission of Random House, an imprint and division of Portfolio/Penguin An imprint of Penguin Random House LLC, the owner of all rights to publish and sell the same. PORTUGUESE language edition published by Starlin Alta Editora e Consultoria Eireli, Copyright © 2023 by Starlin Alta Editora e Consultoria Eireli.

Impresso no Brasil — 1ª Edição, 2023 — Edição revisada conforme o Acordo Ortográfico da Língua Portuguesa de 2009.

Todos os direitos estão reservados e protegidos por Lei. Nenhuma parte deste livro, sem autorização prévia por escrito da editora, poderá ser reproduzida ou transmitida. A violação dos Direitos Autorais é crime estabelecido na Lei nº 9.610/98 e com punição de acordo com o artigo 184 do Código Penal.

A editora não se responsabiliza pelo conteúdo da obra, formulada exclusivamente pelo(s) autor(es).

Marcas Registradas: Todos os termos mencionados e reconhecidos como Marca Registrada e/ou Comercial são de responsabilidade de seus proprietários. A editora informa não estar associada a nenhum produto e/ou fornecedor apresentado no livro.

Erratas e arquivos de apoio: No site da editora relatamos, com a devida correção, qualquer erro encontrado em nossos livros, bem como disponibilizamos arquivos de apoio se aplicáveis à obra em questão.

Acesse o site www.altabooks.com.br e procure pelo título do livro desejado para ter acesso às erratas, aos arquivos de apoio e/ou a outros conteúdos aplicáveis à obra.

Suporte Técnico: A obra é comercializada na forma em que está, sem direito a suporte técnico ou orientação pessoal/exclusiva ao leitor.

A editora não se responsabiliza pela manutenção, atualização e idioma dos sites referidos pelos autores nesta obra.

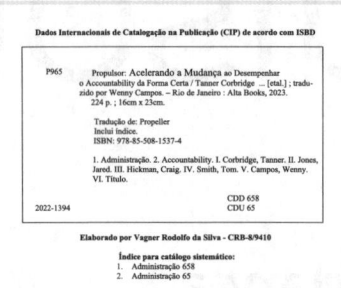

```
Dados Internacionais de Catalogação na Publicação (CIP) de acordo com ISBD

P965    Propulsor: Acelerando a Mudança ao Desempenhar
        o Accountability da Forma Certa / Tanner Corbridge ... [etal.] ; tradu-
        zido por Wenny Campos. – Rio de Janeiro : Alta Books, 2023.
        224 p. ; 16cm x 23cm.

        Tradução de: Propeller
        Inclui índice.
        ISBN: 978-85-508-1537-4

        1. Administração. 2. Accountability. I. Corbridge, Tanner. II. Jones,
        Jared. III. Hickman, Craig. IV. Smith, Tom. V. Campos, Wenny.
        VI. Título.
                                                CDD 658
2022-1394                                       CDU 65

        Elaborado por Vagner Rodolfo da Silva - CRB-8/9410

                Índice para catálogo sistemático:
                1. Administração 658
                2. Administração 65
```

Produção Editorial
Editora Alta Books

Diretor Editorial
Anderson Vieira
anderson.vieira@altabooks.com.br

Editor
José Ruggeri
j.ruggeri@altabooks.com.br

Gerência Comercial
Claudio Lima
claudio@altabooks.com.br

Gerência Marketing
Andréa Guatiello
andrea@altabooks.com.br

Coordenação Comercial
Thiago Biaggi

Coordenação de Eventos
Viviane Paiva
comercial@altabooks.com.br

Coordenação ADM/Finc.
Solange Souza

Direitos Autorais
Raquel Porto
rights@altabooks.com.br

Produtor Editorial
Thales Silva

Produtores Editoriais
Illysabelle Trajano
Maria de Lourdes Borges
Paulo Gomes
Thiê Alves

Equipe Comercial
Adriana Baricelli
Ana Carolina Marinho
Daiana Costa
Kaique Luiz
Maira Conceição

Equipe Editorial
Beatriz de Assis
Betânia Santos
Brenda Rodrigues
Caroline David
Gabriela Paiva
Henrique Waldez
Kelry Oliveira
Marcelli Ferreira
Mariana Portugal
Matheus Mello

Marketing Editorial
Livia Carvalho
Marcelo Santos
Pedro Guimarães
Thiago Brito

Atuaram na edição desta obra:

Tradução
Wenny Miozzo

Revisão Gramatical
Carlos Bacci
Thamiris Leiroza

Copidesque
Kamila Wozniak

Diagramação
Luisa Maria

Capa
Marcelli Ferreira

Editora afiliada à:   ASSOCIADO

ALTA BOOKS
GRUPO EDITORIAL

Rua Viúva Cláudio, 291 — Bairro Industrial do Jacaré
CEP: 20.970-031 — Rio de Janeiro (RJ)
Tels.: (21) 3278-8069 / 3278-8419
www.altabooks.com.br — altabooks@altabooks.com.br
Ouvidoria: ouvidoria@altabooks.com.br

Agradecimentos

Agradecemos a todas as pessoas, que encontramos por intermédio de nossos clientes em todo o mundo, por ajudarem a moldar nossa compreensão mais profunda acerca dos princípios estabelecidos neste livro. Agradecemos profundamente a todos os leitores entusiasmados que divulgaram as duas primeiras edições de *O Princípio de Oz*, nas quais este livro se baseia. Eles levaram a mensagem de accountability para muitas das organizações de maior sucesso do mundo.

Agradecemos particularmente a nossos pais, cônjuges, filhos, clientes e colegas de trabalho da Partners In Leadership.

Também somos gratos a todas as pessoas que revisaram e deram feedback sobre o manuscrito: Brent Barton, Kent Robinson, Lisa Miller, Tracy Skousen, Marcus Nicolls, Lawrence Corbridge, Brad Starr e Ryan Millar. Gostaríamos também de agradecer às nossas editoras, Vivian Roberson, Olivia Peluso, Nina Rodríguez-Marty e à equipe da Penguin

AGRADECIMENTOS

Random House, por sua orientação e edição cuidadosa. Nosso editor, Adrian Zackheim, nos dá grande incentivo e apoio há quase três décadas. Obrigado, Adrian. Também somos gratos pelo compromisso inabalável de nosso colaborador e agente Michael Snell.

Por fim, agradecemos a você, caro leitor, por se juntar a nós na jornada em busca de resultados por meio do accountability. Que isso mude sua vida tanto quanto mudou a nossa.

Sumário

Introdução
*A FORÇA DO DESEMPENHO DO ACCOUNTABILITY
DA FORMA CERTA* — 1

Capítulo Um
*ACCOUNTABILITY PELOS PRINCIPAIS RESULTADOS
Aplicando o Princípio de Oz, do Alto Escalão
à Linha de Frente* — 9

O que É Realmente Necessário para Desempenhar o Accountability da Forma Certa? — 11

Princípios do Accountability — 17

Desempenhando o Accountability da Forma Certa: A Questão dos Princípios Básicos — 29

Capítulo Dois
*RESULTADOS-CHAVE
Definindo e Alcançando Aquilo que É Mais Importante* — 31

Você Pode Listar Brevemente os Resultados-chave de Sua Organização? — 33

Princípios dos Resultados-chave — 36

Desempenhando o Accountability da Forma Certa: Definir Claramente os Resultados e Colocá-los em Destaque — 51

Capítulo Três
VEJA
Criando Coragem para Aceitar a Realidade   53

    O que Você Não Está Vendo?   54

    Princípios de Veja   56

    Desempenhando o Accountability da Forma Certa:
    Evoluindo para Ver   69

Capítulo Quatro
APROPRIE-SE
Avaliando o Consenso e Definindo a Participação   71

    Você É Capaz de Fazer a Conexão?   73

    Princípios do Passo "Aproprie-se"   75

    Conecte o Passo "Aproprie-se" aos Resultados-chave   85

    Desempenhando o Accountability da Forma Certa:
    Conquistando Ownership Acima da Linha   88

Capítulo Cinco
SOLUCIONE
Adquirindo a Sabedoria para Solucionar Aquilo do Qual Se Apropria   91

    O que Mais Posso Fazer?   92

    Princípios do Passo Solucione   96

    Desempenhando o Accountability da Forma Certa:
    Solucionar Algo Perguntando: "O que Mais Posso Fazer?"   109

Capítulo Seis
FAÇA
Colocando em Prática o Ímpeto de Fazer Aquilo que Vê, Apropria-se e Soluciona — 111

    Princípios do Passo Faça — 117

    Desempenhando o Accountability da Forma Certa: Melhorando para Fazer! — 130

Capítulo Sete
LIDERANÇA ACIMA DA LINHA:
Compartilhando com os Outros o Accountability pelos Resultados — 131

    Como Líderes Acima da Linha Treinam as Pessoas para Ficarem Acima da Linha? — 132

    Princípios de Liderança Acima da Linha — 141

    Desempenhando o Accountability da Forma Certa: Liderar e Elevar os Outros — 148

Capítulo Oito
EQUIPES ACIMA DA LINHA
Adquirindo Accountability pelos Resultados da Equipe — 151

    Como Manter Sua Equipe Acima da Linha? — 152

    Princípios de Formação de Equipes Acima da Linha — 157

    Desempenhando o Accountability da Forma Certa: Equipes que Não Desistem Nunca — 166

Capítulo Nove
CULTURAS ACIMA DA LINHA
Criando a Melhor Vantagem Organizacional   169

    Você Proporciona as Experiências Certas para Moldar as Crenças de Cultura?   172

    Princípios de Mudança Cultural   177

    Desempenhando o Accountability da Forma Certa: Gerencie Sua Cultura   190

Conclusão
FAÇA DISSO "A MANEIRA COMO FAZEMOS AS COISAS POR AQUI"   193

Índice   197

Conheça *Propeller*, o App   203

Introdução

A FORÇA DO DESEMPENHO DO ACCOUNTABILITY DA FORMA CERTA

Você só pode guiar seu próprio destino assumindo total accountability por seus pensamentos, sentimentos, ações e resultados; caso contrário, alguém ou algo tratará de fazê-lo por você. Esse é O Princípio de Oz, de forma clara e simples. Nos últimos 25 anos, organizações de todo o mundo implementaram esse princípio como *Propulsor* para acelerar mudanças por meio do accountability correto, do alto escalão à linha de frente.

Ao longo de nossa vida profissional, trabalhamos com milhares de líderes que avançaram decididamente com suas carreiras, equipes e empresas, introduzindo uma marca positiva de accountability pessoal em suas organizações. São líderes que rejeitam desculpas e negações como forma de se eximir e, em vez disso, preferem assumir circunstâncias e seus resultados — líderes que intencional e persistentemente avançam nos Passos do Accountability na busca incansável por um desempenho transformador.

Naturalmente, por vezes, todas as empresas, equipes e líderes passam por dificuldades por muitas razões. Há ocasiões em que se desviam do caminho seguindo uma estratégia errônea; em outros momentos, tomam uma má decisão organizacional ou falham na execução de ajustes de mercado com rapidez suficiente. A lista de razões não para por aí. No entanto, o segredo para aprender e corrigir rapidamente reside na maneira como o líder, a equipe e a empresa avaliam essas falhas desafiadoras. Se uma abordagem de accountability baseada em culpabilização ou focada em consequências for adotada, o aprendizado, a correção e o crescimento sofrerão enormemente. É assim que os líderes erram no accountability. Nas páginas a seguir, ilustraremos de forma muito clara como os erros no accountability têm um preço muito alto.

Pergunte a qualquer CEO ou líder sênior, e a maioria prontamente reconhecerá os erros que cometeram. Os líderes mais influentes, no entanto, demonstram uma capacidade única de fazer ajustes em suas decisões anteriores deixando de lado o ego. Eles assumem total ownership das circunstâncias atuais e inspiram um senso de otimismo nas equipes que lideram. Esses são os líderes que desempenham o accountability da forma certa. E, ao fazerem isso, todos que trabalham com eles, vencem. Independentemente da necessidade — recuperar a estabilidade perdida ou aumentar o sucesso — a fórmula de aceleração de mudanças aplicada por esses líderes é a mesma: com intencionalidade, resolução e visão, eles definem os resultados que precisam ser alcançados e, então, inspiram as pessoas a superarem as circunstâncias e demonstram a ownership necessária para que atuem em níveis mais altos. Eles desempenham corretamente o accountability, que usam para impulsionar seu pessoal e equipe.

A FORÇA DO DESEMPENHO DO ACCOUNTABILITY DA FORMA CERTA

Obviamente até os mais fortes entre nós acabam se vitimizando de vez em quando. Ninguém é perfeito. Todos, mesmo os maiores empreendedores de nossa complexa sociedade interconectada, podem ficar presos no jogo de acusações ou no ciclo de vitimização de vez em quando, mas aqueles que demonstram accountability diante dos resultados e os alcançam com sucesso nunca permanecem nesse ciclo por muito tempo. Vejamos o CEO Steve Fisher, por exemplo. Quando Steve passou de CFO para CEO na Novelis, a maior produtora mundial de alumínio laminado, ele sabia muito bem que o futuro da empresa dependia de ações rápidas e decisivas. Tendo trabalhado para a empresa como CFO por vários anos, ele testemunhou em primeira mão os desafios e as oportunidades que precisavam ser enfrentados de frente. Ao se tornar CEO, Steve não perdeu tempo e agiu no que sabia que precisava acontecer. Ele decidiu dar o primeiro passo em uma reunião crucial da equipe de liderança global.

No primeiro dia da reunião, a equipe esperou ansiosamente para entrar na Cúpula Global de Liderança anual da empresa realizada no salão de festas do hotel Ritz-Carlton. Eles podiam sentir o aroma do café recém-moído vindo das grandes cafeteiras de prata do saguão. Enquanto encontravam conforto no ambiente familiar, suspeitavam que aquela não seria a reunião anual de sempre. Todos olhavam com expectativa para o novo CEO encostado em uma parede perto das portas do salão de festas. Embora Steve estivesse vestido de modo um tanto quanto casual para a ocasião, usando calças jeans e uma camisa de mangas compridas, ele exalava uma confiança tranquila, porém intensa, que nunca tinham visto antes. Embora Steve não acreditasse ser excepcional de maneira alguma em particular, aqueles que o conheciam o consideravam "inteligente e talentoso". O que o tornou ainda melhor foi sua capacidade de interagir com os outros e criar um ambiente de confiança. Ele era acessível, tratava as pessoas com cortesia e respeito, encontrando tempo para um contato mais direto com os operários que trabalhavam em suas fábricas. A Equipe de Liderança Global teve a oportunidade de conhecê-lo ao longo dos anos e gostaram do que viram. Um executivo sênior disse que, apesar de seu talento, "Steve não tinha ego".

Steve já havia participado dessas cúpulas da Novelis Global Leadership. O encontro anual dos 200 maiores líderes da empresa acontecia sempre em meados do mês de março no Ritz-Carlton, nos arredores de Atlanta, Geórgia. Durante seus oito anos como CFO, ele gostava de estar com líderes seniores da empresa do Brasil, Alemanha, Coreia e uma dúzia de outros países. A reputação positiva que havia criado ao longo do tempo como CFO apenas aumentou a expectativa palpável sentida em toda a sala pelo que viria pela frente.

Nos últimos anos, a Novelis vinha apresentando um péssimo desempenho financeiro, seguindo prioridades conflitantes, manchando sua reputação com os clientes, perpetuando silos organizacionais com persistente ausência de comunicação e sofrendo com a falta de ownership e accountability pelos resultados. Todos sentiram isso, dos líderes ali presentes aos 11 mil funcionários da empresa em todo o mundo. Além disso, apesar de vários anos de investimento sem precedentes, totalizando mais de US$2 bilhões, a Novelis não demonstrou capacidade de alcançar um retorno favorável do capital investido. A empresa continuava seguindo o mesmo caminho de sempre, como um iate descontrolado avançando em direção a uma costa rochosa. Todos se perguntavam: "O que será necessário para transformar a Novelis?"

Enquanto a Equipe de Liderança Global entrava no salão, Steve encontrou um canto tranquilo para organizar seus pensamentos. Convencer esse grupo diverso — com pessoas de toda parte do mundo — de que a Novelis

A FORÇA DO DESEMPENHO DO ACCOUNTABILITY DA FORMA CERTA

precisava tomar medidas ousadas para lidar com seu desempenho financeiro em declínio consumiria cada gota de sua energia e habilidade. Cada palavra que saísse de sua boca precisava ser crível, clara e convincente. Quando a música ambiente foi diminuindo de volume e as luzes perdendo intensidade, algo como a voz de Deus anunciou: "Bem-vindos à Cúpula Global de Liderança da Novelis. Com vocês, seu CEO, Steve Fisher." A plateia aplaudiu empolgada.

Steve entrou no palco, foi até o palanque e esperou que a sala ficasse em silêncio. Então ele falou em tom sereno. "Vocês podem não perceber agora, mas temos a oportunidade de fazer algo extraordinário. Temos a chance de transformar essa empresa, alcançar resultados jamais vistos e ajudar alguns dos maiores fabricantes de veículos do mundo a conquistar seus resultados, reduzindo suas emissões a níveis nunca antes considerados possíveis. Existe um mar de oportunidades diante de nós. Entretanto, como empresa, acredito que nos afogaremos nessas águas se as pessoas nesta sala não mudarem. O *accountability* deve ser nosso meio de fazer essa mudança."

Acelerar as mudanças desempenhando o accountability da forma certa, do alto escalão (CEO, CFO, COO, CMO, CHRO, CTO etc.) até a linha de frente se tornou o principal propulsor da empresa para o crescimento. Em apenas dois anos sob a liderança de Steve Fisher, a equipe sênior da Novelis liderou e conquistou uma transformação surpreendente, levando as pessoas a demonstrarem mais accountability diante de seus resultados. A mudança não foi apenas dramática, mas inspiradora. O nível de engajamento alcançou números históricos. O retorno sobre o capital empregado (ROCE) quase triplicou, a lucratividade aumentou em 26%, chegando a US$1,2 bilhão, e o fluxo de caixa cresceu 471%. O enorme influxo de dinheiro ajudou a financiar uma grande aquisição e expandiu a atuação da Novelis em mercados muito valiosos, como o aeroespacial. As pessoas, que antes estavam presas aos jogos de acusação, começaram a demonstrar maior accountability pessoal pelos resultados que alcançavam e se recusaram a culpar os outros nesse processo.

A transformação histórica da Novelis aconteceu porque um líder dedicado e experiente aplicou diligentemente os Passos do Accountability (Veja, Aproprie-se, Solucione e Faça) por toda empresa. Isso trouxe foco, clareza, alinhamento e accountability necessários para os principais resultados que a Novelis precisava apresentar. Onze mil pessoas na Novelis descobriram que possuíam todo o talento e habilidade de que precisavam para entregar resultados e transformar o "momento de encruzilhada" da empresa em um triunfo espetacular.

Você encontrará muitos líderes como Steve Fisher neste livro, pessoas reais trabalhando em organizações reais, que se beneficiaram dos princípios do desempenho de accountability diante dos resultados. A Partners In Leadership elaborou e aperfeiçoou esses princípios nos últimos 30 anos, pois ajudou milhares de organizações a confiar no poder do accountability positivo para conquistar os resultados almejados. Histórias das empresas Chili's Grill & Bar, Johnson & Johnson, Sutter Health, Lockheed Martin, Domino's, Boston Medical Center, Chipotle e muitas outras de destaque na lista *Fortune* 1000, darão vida a esses princípios, para que vocês possam aplicá-los facilmente em suas próprias equipes e organizações.

Há um poderoso paralelo entre o antecessor deste livro, *O Princípio de Oz*, escrito em 1994 e revisado em 2004, e o clássico de L. Frank Baum, *O Mágico de Oz*. No romance e no filme, Dorothy e seus companheiros aprendem que, por mais difíceis que sejam as circunstâncias, o poder de enfrentar seus desafios e alcançar os resultados desejados está dentro de

A FORÇA DO DESEMPENHO DO ACCOUNTABILITY DA FORMA CERTA

você, não em uma força externa ou nas mãos de algum guru puxando alavancas atrás de uma cortina de veludo. Este livro o ajudará a implementar *o Princípio de Oz* para impulsionar sua equipe e empresa rumo a novos níveis de desempenho.

Escolhemos o título *Propulsor* para este livro porque ele captura em uma palavra aquilo que é gerado pelo *Princípio de Oz* e pelos Passos do Accountability: *movimento acelerado em uma direção necessária*. Não importa quão assustadores sejam os obstáculos enfrentados, este livro aprofundará sua determinação em demonstrar accountability diante de seus resultados — passados, presentes e futuros. Essa determinação leva líderes, equipes e organizações a escolherem o otimismo mesmo quando o pessimismo é cabível, a aceitar a responsabilidade quando culpar os outros é justificável, e a avançar e vencer quando desistir é compreensível.

Certamente, falta de accountability pode se instalar em qualquer equipe ou empresa. Pode vir primeiro sem aviso prévio, como uma explicação razoável do motivo pelo qual não chegamos lá; depois, pode se transformar em uma série mais agressiva de acusações repletas de culpa, apontando quem errou; e, inevitavelmente, com o tempo, isso simplesmente se torna "a maneira como fazemos as coisas por aqui". Esse tipo de pensamento sempre leva ao fracasso. O sucesso advém de adotar accountability para alcançar melhores resultados. Faça *disso* "a maneira como fazemos as coisas por aqui". Foi o que Steve Fisher fez na Novelis. É isso que *Propulsor* pode fazer por você.

Capítulo Um

ACCOUNTABILITY PELOS PRINCIPAIS RESULTADOS

Aplicando o Princípio de Oz, do Alto Escalão à Linha de Frente

Você já olhou para as pessoas ao redor — no trabalho, em seu círculo de amigos ou em sua família — e se perguntou por que algumas estão tendo sucesso e crescendo em suas carreiras, enquanto outras parecem estagnadas ou frustradas pela vida? Por que algumas pessoas alcançam os resultados que desejam, enquanto outras explicam o que acabou dando errado? Você se pergunta a mesma coisa ao olhar para as equipes com quem trabalha? Por que algumas equipes desenvolvem um forte senso de união e propósito em seu trabalho, enquanto outras avançam com dificuldade se dividindo em propósitos, culpando uns aos outros por não conseguirem os resultados desejados? Achamos que a resposta é accountability.

PROPULSOR

Durante anos, observamos um problema generalizado em nossa sociedade: uma grave e crescente falta de transparência em empresas, instituições, governos, associações e até famílias. Basta vermos os noticiários para encontrarmos o jogo de acusações em ação de forma dramaticamente detalhada. Em nosso trabalho, constantemente interagimos com líderes que estão cansados do jogo de acusações que se enraizou em seus ambientes diários de trabalho. Eles estão frustrados e preocupados com a quantidade de tempo e energia que perdem ouvindo explicações e justificativas de indivíduos, equipes ou departamentos sobre o motivo pelo qual não conseguirão chegar aos resultados necessários, quando deveriam discutir ideias e soluções para superar obstáculos e contratempos. Em muitos casos, as pessoas nas organizações se acostumam com o "jogo de acusações" que se transforma em uma narrativa organizacional amplamente aceita. Além da frustração, os líderes também reclamam que nada mudou em relação à pesquisa anual de engajamento dos funcionários do ano anterior. Todos os líderes com quem lidamos ao longo dos anos têm uma coisa em comum: eles sabiam que a solução era gerar maior ownership e accountability, mas não sabiam como fazê-lo de maneira eficaz e bem-sucedida. É por isso que *O Princípio de Oz* foi publicado, e também é por isso que foi publicado novamente em uma segunda edição em 2004, e agora estamos publicando *Propulsor*, com novas ideias e um foco exclusivo na aplicação dos princípios do clássico inovador original.

Nas próximas páginas, exploraremos o paradoxo de accountability — quanto *mais responsabilizamos as pessoas erroneamente, menos accountability teremos* — e mostraremos como resolvê-lo rapidamente. Também apresentaremos alguns princípios e modelos simples, aprimorados e comprovados ao longo de trinta anos de pesquisa, observação e aplicação em organizações com que trabalhamos. Como mencionamos na introdução, as histórias e exemplos que compartilharemos com você foram escolhidos entre milhares de interações com clientes.

O que É Realmente Necessário para Desempenhar o Accountability da Forma Certa?

Considere quais imagens lhe vêm à mente quando ouve a palavra *accountability*. Provavelmente você imagina algum tipo de punição por conta de um erro, talvez alguma autoridade o autuando e multando por alguma infração. Passamos décadas combatendo e redefinindo essa visão negativa de accountability, porque reforçá-la de forma negativa apenas prejudica as pessoas e aniquila a motivação. Em nossa opinião, o accountability não se trata de assumir infrações ou acertar as contas pelos erros cometidos; é um poderoso motor que leva a alcançar resultados. Indivíduos, equipes e organizações inteiras que usam uma abordagem de accountability positiva e envolvente são capazes de impulsionar a si mesmas para alcançar os resultados almejados. Além disso, recomendamos que você não pense nunca mais em accountability como algo que outra pessoa faz *com* você; é algo que você faz *para* si mesmo, sua equipe e sua organização para ajudá-lo a crescer e alcançar melhores resultados.

A seguir, um excelente exemplo de indivíduos e equipes assumindo uma postura de accountability por seus próprios resultados. Estávamos de pé na parte traseira de uma enorme aeronave militar, olhando a pista de macadame de uma altura correspondente a cinco andares, enquanto perguntávamos a Ray Burick, um dos principais líderes da Lockheed Martin: "Por que você precisa de nós aqui?"

Olhando para o avião, Ray disse: "Estamos atrasados e acima do orçamento. Você vê aqueles caras trabalhando na asa? Eles estão fazendo seu trabalho e se esforçando muito para fazê-lo corretamente. E aqueles outros trabalhando na fuselagem, a seção principal do avião ligada à asa? Eles estão trabalhando duro para fazer tudo o que precisa ser feito. Agora, acima da fuselagem, olhe para a cabine de comando e observe a equipe lidando com o incrível emaranhado de fios que alimentam o painel de controle. Eles estão fazendo tudo o que acreditam que deve ser feito para terminar sua seção do avião."

Então, perguntamos: "Qual é o problema?"

Ray prosseguiu: "Quando a asa é entregue à equipe da fuselagem, algo inevitavelmente precisa ser aperfeiçoado ou ajustado. Portanto, a equipe da fuselagem culpa a equipe da asa por não fazer seu trabalho completamente. Eles devolvem tudo para a equipe da asa e esperam que as correções sejam feitas. Enquanto isso, a equipe da asa culpa a equipe da fuselagem por não seguir os planejamentos corretamente e reclama que não fizeram o que foi solicitado e, então, culpa a equipe de planejamento por não ter sido clara. Com isso acontecendo, o trabalho no avião é suspenso até que alguém decida o que fazer a seguir. Todos estão focados em suas próprias *seções* do avião. Preciso de vocês [Partners In Leadership] porque tenho que redefinir qual é o trabalho. Não preciso que eles se responsabilizem pela asa ou pela cabine de comando; preciso que se responsabilizem por *todo* o avião saindo daqui dentro do prazo e do orçamento."

Este é um exemplo clássico do pensamento míope e departamental que afeta muitas organizações, grandes e pequenas, em todo o mundo. Além disso, resume o que chamamos de jogo de acusações, algo que envenena o poço de soluções de problemas e desvia a energia da entrega dos principais resultados. "Não é minha culpa! Outra pessoa estragou tudo!" Ou: "Estou pagando pelos erros *deles*. Passe essa responsabilidade para *eles*." Obviamente, apontar e fazer o papel de vítima nunca o ajudará a chegar mais perto dos resultados necessários, mesmo que tente implementar iniciativas de melhoria contínua, inspirar inovação, aprimorar a experiência do cliente, manter os melhores talentos ou aumentar a receita bruta e o lucro líquido. Alcançar qualquer um desses resultados depende, mais do que qualquer outra coisa, de fazer as pessoas superarem as circunstâncias e perguntar constantemente: "O que mais posso fazer para obter o resultado?" Infelizmente, muitas pessoas falam sobre accountability da boca para fora enquanto se apegam à antiga e cansada definição de atribuir punições por algo que deu errado.

Após alguns meses de foco intenso, Ray Burick conseguiu mudar a mentalidade de sua equipe na Lockheed Martin. Fez com que eles vissem seus empregos de acordo com os resultados que precisavam produzir juntos. E o impacto foi uma reviravolta completa. A equipe começou a se responsabilizar por algo além do que sua parcela do produto final — eles começaram a se responsabilizar pela entrega de todo o avião. O lema da equipe, que antes era "fazer seu trabalho", mudou para "alcançar os resultados" — resultados que eles deveriam produzir. Em nove meses, a equipe não estava apenas dentro do cronograma novamente, mas produzindo com melhor qualidade, abaixo do orçamento e se antecipando a prazos agressivos.

Para desempenhar o accountability da forma certa, os líderes devem ter um entendimento comum sobre seu significado e sobre como falar de forma clara e consistente sobre isso. Pare e pergunte a dez colegas de trabalho diferentes o que eles acham que significa o accountability. Muito provavelmente você ouvirá dez respostas diferentes. Infelizmente, dez respostas diferentes impedirão qualquer empresa de experimentar o poder propulsor de desempenhar o accountability da forma certa.

Há alguns anos, começamos a examinar como os dicionários definem accountability. A maioria sugere algo como:

Accountability: sujeito à necessidade de relatar, explicar ou justificar; consciente; responsável.

Consideremos as duas primeiras palavras usadas na definição de accountability segundo o dicionário: "Sujeito a." Obviamente, "sujeito a" sugere que o accountability é algo feito a você e não algo que você escolhe por si mesmo. A próxima palavra, "necessidade", apoia ainda mais essa conclusão. Tanto "sujeito a" como "necessidade" constituem perspectivas de accountability fracas e não propulsoras. As palavras "explicar" e "justificar" nos sugerem apresentar uma boa história diante de falhas em alcançar os resultados esperados. E, nesse contexto, "consciente" e "responsável" incitam simplesmente a falhar e assumir a culpa quando as coisas dão errado ou se tornar "responsável" quando os resultados não são aparentes. Que definição pouco inspiradora e imprecisa de accountability.

Essa interpretação negativa da accountability explica o desconforto que as pessoas sentem ao responder à pergunta "Quem é o responsável?". Ninguém quer levantar a mão em resposta a essa pergunta, devido a definição comum que vemos em uso hoje. Não é de se admirar que o accountability seja usado como um martelo quando as pessoas cometem erros ou infrações. Infelizmente, trata-se de uma visão inerentemente falha de accountability — fadada ao fracasso desde o primeiro instante de sua aplicação — que, na verdade, leva ao tipo de desculpa que pode impedir indivíduos, equipes e organizações inteiras de acelerarem mudanças e obterem os resultados de que precisam. Preferimos muito mais pensar no accountability como uma força tremendamente positiva, não algo que alguém faz para puni-lo, mas algo que você faz por si mesmo para obter melhores resultados. Parece-nos que os dicionários omitem de forma gritante os *resultados* em sua descrição de accountability. De acordo com nossa experiência, não há outra palavra relacionada ao accountability que seja mais importante do que a palavra *resultados*. Quando definido corretamente e compreendido por toda a organização, o accountability impulsiona indivíduos e equipes a pensarem de maneira diferente, a colaborarem melhor e a demonstrarem consistentemente a ownership necessária para alcançarem os resultados necessários.

O desempenho do accountability da forma certa começa a partir de uma compreensão comum do que isso significa. Quando falamos sobre o poder propulsor do accountability, estamos nos referindo à definição que introduzimos pela primeira vez no *Princípio de Oz* e, desde então, aplicamos para acelerar o crescimento de milhões de pessoas em milhares de organizações que temos como clientes:

Accountability: Uma escolha pessoal de superação das circunstâncias particulares e demonstração da ownership necessária para alcançar os resultados desejados; Veja, Aproprie-se, Solucione e Faça.

Essa definição sugere que o accountability começa a partir de uma decisão de fazer algo para gerar um melhor resultado. Incita que a pessoa que assume a responsabilidade evite a tentação de se vitimizar em circunstâncias difíceis e aproveite a oportunidade para trabalhar em direção a um melhor resultado final. Ninguém lhe *fornece* o accountability; você deve *assumi-lo*. Quando o assume, você se encarrega dos resultados que deseja e precisa apresentar. Pergunte aos líderes de qualquer organização como eles progrediram em suas carreiras, e, raramente, ouvirá um deles dizer: "Fui responsabilizado pelas pessoas acima de mim." É mais provável que você ouça algo do tipo: "Desde o início, tomei a decisão de que meu futuro estava em minhas próprias mãos e que somente eu poderia me levar adiante, trabalhando efetivamente com outros para alcançar os resultados necessários."

Você tem o poder de alcançar os resultados que deseja.

Descobrimos que quando você classifica as organizações de acordo com a abordagem de accountability que praticam, elas se encaixam em uma de duas categorias: (1) Accountability significa explicação, justificativa e punição ou (2) accountability significa assumir o controle de seu papel na obtenção de resultados para você, sua equipe e sua organização. Na primeira categoria de organizações, as pessoas pensam em responsabilizar os *outros* pelo que aconteceu; no segundo, as pessoas acreditam em *se* responsabilizar pelo que acontecer em seguida. Considere as diferenças gritantes entre:

Uma Cultura de Explicação, Justificativa e Punição

- As pessoas enfrentam dificuldades em colaborar e constantemente culpam uns aos outros.
- As pessoas enfrentam dificuldades em tomar iniciativa pessoal e não se envolvem ativamente.
- Geralmente, as pessoas tendem a se esconder quando veem um problema.
- As pessoas temem sofrer repressão por serem sinceros ou tomarem decisões erradas.
- As pessoas evitam se arriscar.
- As pessoas se sentem ameaçadas pelos talentos e conquistas de outros.
- As pessoas acham que o crescimento pessoal e a evolução profissional estão sendo determinados por terceiros.

Uma Cultura de Accountability pelos Resultados

- As pessoas buscam constantemente o que mais pode ser feito e se recusam a culpar os outros quando algo dá errado.
- As pessoas estão envolvidas e compartilham ideias livremente, buscando melhorias.
- As pessoas atacam incisivamente todos os problemas que identificam.
- As pessoas buscam, fornecem e agem de acordo com o feedback.
- As pessoas aprendem com erros e falhas.
- Em vez de se sentirem ameaçadas pelos talentos dos outros, as pessoas os aproveitam adequadamente para resolver problemas.

Qual cultura você prefere? Quer você ocupe um cargo de alto escalão ou trabalhe na base da pirâmide corporativa, participar do jogo de acusações não o levará a lugar algum e, por fim, congelará seu crescimento pessoal. Você só poderá conquistar aquilo que é mais importante para você, sua equipe e sua organização ao responsabilizar-se.

Princípios do Accountability

Se você perguntar a centenas de gerentes de empresas de alguma edição da *Fortune* 1000 se enxergam uma maior necessidade de accountability e ownership em sua organização hoje, 100% das respostas provavelmente serão "Com certeza!". Se lhes perguntar em seguida: "*Você* pessoalmente pratica o accountability?", é provável que todos digam: "Sim, é claro!"

Dificilmente alguém dirá: "Eu sou um completo desastre. Não conte comigo para fazer nada." Isso apresenta uma das ironias em torno da ideia de accountability. A maioria das pessoas deseja ver mais accountability, mas poucas reconhecem que precisam *assumir* mais tal postura. Nenhuma gota de chuva se sente responsável pelo dilúvio, embora cada uma delas contribua. O mesmo vale para as organizações, tanto as grandes quanto as pequenas. Toda e qualquer oportunidade perdida de assumir maior accountability contribui para a formação de uma cultura de explicação, justificativa e punição.

Três princípios básicos ajudarão você a aproveitar o poder do accountability:

1. Entenda os Passos do Accountability que Promovem Ownership e Propulsionam Mudanças.
2. Adote para si mesmo o Modelo para Reduzir o Tempo Gasto Abaixo da Linha.
3. Adote a Linguagem Comum do Accountability para Acelerar o Movimento.

Vamos analisar atentamente esses três princípios fundamentais.

1. Entenda os Passos do Accountability que Promovem Ownership e Propulsionam Mudanças

Esse modelo, que pode ser obtido em um piscar de olhos, promove maior accountability em todos os níveis da organização:

OS PASSOS DO ACCOUNTABILITY

Para a maioria das pessoas, a primeira coisa que chama atenção ao analisarem o modelo dos Passos do Accountability é a linha do meio. Essa linha separa o jogo de acusações improdutivo, que desperdiça tempo e dificulta resultados, dos Passos do Accountability, que devem ser aplicados para que se alcance resultados. Abaixo da Linha, as pessoas se preocupam com o que não podem controlar; elas se fazem de vítima, ignoram e negam o problema, acusam os outros, tentam salvar suas peles, alegam que não é sua responsabilidade, parecem confusas até que outra pessoa lhes diga o que fazer ou apenas esperam para ver se o problema ou a questão se resolverá em um passe de mágica. Acima da Linha, as pessoas se preocupam com o que podem controlar e assumem responsabilidade pela resolução de questões e problemas, adotando quatro passos precisos para obter o resultado correto: eles Veem, Apropriam-se, Solucionam e Fazem. Aqueles que perecem Abaixo da Linha ensaiam histórias que explicam o fracasso de seus esforços; aqueles que se encontram Acima da Linha se fortalecem para lutar por melhores resultados. Abaixo da Linha, as pessoas ficam obcecadas pelo que está acontecendo com elas. Acima da Linha, as pessoas se concentram no que desejam que aconteça futuramente. Abaixo da Linha, as pessoas usam cortinas de fumaça para postergar e ganhar mais tempo. Acima da Linha, as pessoas demonstram um desejo sincero de produzir os resultados adequados. Pessoas Abaixo da Linha pensam: "De que outra forma posso explicar e justificar por que é tão difícil produzir?" Aqueles que estão Acima da Linha se perguntam: "O que mais posso fazer para obter resultados?"

Ainda que o modelo pareça bastante simples...

Não deixe que essa simplicidade engane você!

Anos atrás o furacão Katrina varreu Nova Orleans devastando a área e mudando a vida de milhares de pessoas. Para piorar a situação, o governo foi incompetente ao lidar com a catástrofe. Michael Brown, diretor da Agência Federal de Gestão de Emergências (FEMA), contou uma história bem elaborada quando o Congresso o convocou para explicar o que havia dado errado. Aqueles que entendem os Passos do Accountability saberão rapidamente que o depoimento de Brown não passava de uma explicação do porquê nada daquilo que estava acontecendo era sua culpa. Para Brown, o furacão Katrina trouxe a tempestade perfeita para se esconder da verdade. Nós chamamos de Ciclo de Vitimização. Enquanto falava ao Congresso, Brown fez tudo o que alguém Abaixo da Linha faria:

- Ignorar/Negar: "Eu não fazia ideia de quão ruins eram os planos de preparação para emergências de Louisiana."
- Não É Minha Responsabilidade: "Somos a FEMA, não somos os socorristas. Fornecemos suporte e trazemos recursos para o problema."
- Acusar: "Se os socorristas [autoridades locais] tivessem evacuado a cidade quando solicitamos, essa situação teria sido muito diferente."
- Confusão/Diga-me o que Fazer: "Muita coisa está acontecendo por lá, e estamos trabalhando muito para priorizar e reduzir os problemas."
- Salvar Sua Pele: "Viu quanto tempo tive que passar em conversas com a imprensa? Eu poderia ter usado esse tempo para trabalhar no problema."
- Esperar para Ver: "Agora temos ótimas pessoas por lá, então verão as coisas melhorando em breve."

Brown escolheu ficar Abaixo da Linha e se justificar em sua resposta sobre o Katrina. Mas as pessoas que entendem o modelo de Passos do Accountability são mais do que capazes de trabalhar Acima da Linha, resolvendo problemas e fazendo os ajustes necessários para alcançar melhores resultados. Aqueles que entendem esse modelo e o adotam para si mesmo reduzirão o tempo gasto Abaixo da Linha, melhorarão seu desempenho pessoal e levarão outras pessoas a alcançar os resultados desejados.

2. Adote para si mesmo o Modelo para Reduzir o Tempo Gasto Abaixo da Linha

Pense em um problema importante enfrentado que dificultou alcançar o resultado que precisava ser apresentado. Como você explicou isso para as outras pessoas? Acredita que soou como Michael Brown justificando sua falta de avanço ao Congresso, quando o descreveu a amigos de fora da empresa ou a um membro de sua família? Assim como as desculpas Abaixo da Linha de Brown, suas justificativas podem abordar verdades: "O novo produto revolucionário de nossa concorrência nos pegou de surpresa." Brown estava descrevendo problemas reais presentes nas consequências do furacão Katrina, mas cada uma de suas declarações também implicava que sua agência era vítima de circunstâncias insuperáveis. Citamos a declaração de Michael Brown diante do Congresso porque ela demonstra completamente como soam as respostas Abaixo da Linha. Mas você não precisa voltar até o furacão Katrina para identificar exemplos perfeitos dessa mentalidade.

Observe o que acontece ao seu redor no dia a dia. Em seu mundo, provavelmente existem muitas pessoas pensando e agindo Abaixo e Acima da Linha. Você está atualmente Abaixo da Linha quanto a algum problema, questão, iniciativa, relação ou principal resultado? Quais são suas dificuldades de produção no nível necessário? Como você pode minimizar o tempo gasto Abaixo da Linha e maximizar o tempo gasto Acima da Linha para cumprir seus compromissos? Se você adotar o modelo de Passos do Accountability para si mesmo e seu ambiente de trabalho, identificará, de qualquer forma, as pessoas que estão perecendo Abaixo da Linha. E onde quer que os resultados sejam alcançados, você encontrará pessoas trabalhando Acima da Linha, seguindo os Passos do Accountability. Anote seus pensamentos e observações. Não se esqueça de olhar para si mesmo e ser honesto.

ACCOUNTABILITY PELOS PRINCIPAIS RESULTADOS

Trabalhamos com o CEO de uma das maiores redes de supermercados dos EUA, que havia comprado uma cópia de *O Princípio de Oz* e decidiu lê-lo entre suas visitas às lojas. Quando começou, por volta das 9h, ele e seu motorista estavam a caminho da primeira loja. Ninguém sabia que ele estava indo até suas lojas e tal ideia lhe agradava. Ele ficou intrigado com o modelo de Passos do Accountability quando começou a leitura. Leu sobre como é estar Abaixo da Linha, e assim que terminou de ler sobre as posturas de Ignorar/Negar, Não é Minha Responsabilidade, e Acusar, entrou na primeira loja do dia. Ficou surpreso com quantos supervisores estavam usando uma dessas três categorias Abaixo da Linha para explicar o motivo pelo qual não estavam alcançando uma das principais métricas da loja. Entre a primeira e a segunda visita, continuou lendo sobre Confusão/Diga-me o que Fazer, Salvar Sua Pele e Esperar para Ver. Quando chegou à segunda loja, ficou surpreso em ouvir esses mesmos tipos de desculpas. O gerente da loja usou até as mesmas palavras: "Estou confuso. Diga-me exatamente o que você quer que eu faça e farei dessa forma." Foi assim, depois de visitar apenas duas lojas em seu dia, que ele percebeu que fazia parte do problema. Havia se acostumado demais a dizer exatamente ao pessoal o que deveriam fazer. De repente, percebeu que ao dizer às pessoas exatamente o que fazer, e elas acatarem, tornava-se o único responsável pelo que precisava ser feito nas lojas.

No fim do dia, ele sabia que tinha uma organização repleta de líderes Abaixo da Linha. De fato, descobriu que alguns dos gerentes já estavam desenvolvendo explicações sobre o porquê estourariam o orçamento das lojas neste ano. Ele não conseguia acreditar nisso — estavam apenas no sexto mês do ano e aqueles gerentes estavam prontos para levantar uma bandeira branca e se entregar. Para piorar, muitos de seus gerentes e supervisores pareciam acreditar que, caso conseguissem explicar e justificar seu fraco desempenho, isso salvaria suas peles por não conseguirem cumprir as métricas estabelecidas da loja.

Soubemos da conclusão do CEO na manhã seguinte, quando o vice-presidente de recursos humanos da empresa nos ligou para perguntar sobre a disponibilidade de realizarmos uma reunião. Pouco tempo depois, estávamos trabalhando com esse CEO para criar uma Cultura de Accountability por toda essa ampla rede de supermercados. Não demorou muito para que a rede de supermercados começasse a crescer novamente. As vendas das lojas aumentaram ano após ano, e pelos próximos anos que viriam. Esse é o poder propulsor do *Princípio de Oz*.

Ao adotar este modelo para si mesmo, por favor, lembre-se de que coisas ruins *realmente* acontecem com pessoas e empresas e, provavelmente, acontecerá novamente. Você não é responsável por tudo o que lhe acontece. Pessoas perderam suas casas por conta de desastres naturais. Empresas foram surpreendidas por inovações revolucionárias. Mas sua disposição e coragem para avançar em uma direção positiva, apesar das provações, são fundamentais para desempenhar o accountability corretamente.

As pessoas podem superar obstáculos e alcançar os resultados desejados somente se avançarem Acima da Linha e seguirem cada um dos Passos do Accountability. Quando as pessoas ficam presas Abaixo da Linha reclamando sobre as vicissitudes da vida e a dura realidade dos negócios, mostram-se lentas demais para reconstruir casas e cidades e chegam atrasadas na criação de inovações necessárias para ultrapassar ou até mesmo responder aos concorrentes disruptivos.

Dito isto, nenhum de nós está imune à tentação de salvar nossas peles com uma desculpa ou outra:

- "Eu não tive tempo suficiente."
- "Não é minha responsabilidade."
- "O cronograma é muito apertado."
- "Precisamos de mais recursos."

ACCOUNTABILITY PELOS PRINCIPAIS RESULTADOS

- "A culpa é do chefe."
- "Eu não sabia."
- "A economia está na pior."
- "Amanhã será melhor."
- "A concorrência foi mais esperta que a gente."
- "Nosso departamento de marketing está quebrado."

Sejam quais forem as palavras empregadas, a maneira de justificarmos falhas consiste no "Porquê não sou capaz disso", em vez de "O que mais posso fazer?" Em muitas organizações, estar Abaixo da Linha se tornou a regra e não a exceção. Imagine o quanto você poderia realizar se avançasse Acima da Linha e assumisse uma postura de accountability pela melhoria de sua situação, em vez de ficar com pena de si mesmo ou esperar que as circunstâncias se tornem favoráveis magicamente. Se uma organização tem 10 mil funcionários e cada um deles passa apenas um dia na semana Abaixo da Linha, então, como um todo, as pessoas nessa organização passam 4 milhões de horas por ano presas Abaixo da Linha, em que nada cresce, melhora ou é alcançado. Imagine o que mais poderia acontecer se essa mesma empresa pudesse investir mais 4 milhões de horas de talento procurando e descobrindo soluções.

Estar Abaixo da Linha não é errado. É da natureza humana. Todos permitimos que a força gravitacional que acompanha o pensamento de vitimização nos puxe para essa região, diretamente para o reino da criação de desculpas quando as coisas dão errado ou somos confrontados por desafios. Todos, porém, podem reconhecer que permanecer nesse lugar é completamente ineficaz, racionalizando e explicando continuamente o motivo pelo qual estamos presos e não conseguimos avançar. Quando percebemos que estamos Abaixo da Linha, a melhor coisa a ser feita é reconhecer onde estamos e decidir passar para Acima da Linha. A melhor pergunta que podemos fazer quando reconhecemos que estamos Abaixo da Linha é "O que mais posso fazer para alcançar o resultado?". Essa única pergunta impulsionará cada um de nós para Acima da Linha e nos motivará a Ver, Apropriar-nos, Solucionar e Fazer.

3. Adote a Linguagem Comum do Accountability para Acelerar o Movimento

As linguagens Acima da Linha e Abaixo da Linha são facilmente adotas devido à sua simplicidade e intuitividade. Sempre que revisitamos uma empresa depois de ensinar à equipe como usar o modelo Passos do Accountability percebemos que estão usando a linguagem do modelo para falar sobre seu trabalho. Os conceitos de Acima da Linha, Na Linha e Abaixo da Linha se tornam parte integrante de suas discussões diárias, à medida que procuram resolver problemas e avançar. A adoção de uma linguagem de gestão de desempenho comum coloca todos na mesma página. Para incorporar ainda mais a linguagem comum em suas culturas, muitos de nossos clientes exibem gráficos do modelo em escritórios e salas de conferência. Alguns vão além disso. Os líderes de uma das grandes fábricas de nosso cliente queriam que o termo Acima da Linha fosse a primeira coisa que as pessoas vissem ao chegar ao trabalho, de modo que estenderam uma enorme faixa na parede do fundo das dependências da fábrica. Nela estava escrito: O Clima É Melhor Acima da Linha!

Em outro exemplo, nos reunimos com um dos maiores fabricantes de produtos médicos da Europa em um antigo celeiro de um convento alemão que havia sido convertido em um centro de conferências corporativo. Enquanto trabalhávamos junto à equipe executiva para esclarecer seus principais resultados, o CEO nos disse que estava prestes a enfrentar um problema delicado. Logo, imaginamos que a próxima reunião pudesse ser um tanto desconfortável. No início da reunião, o CEO explicou que a organização corria um risco significativo de não alcançar sua meta de lucro anual pela primeira vez em muitos anos. Sua voz, normalmente calma, elevou o tom quando disse: "Temos apenas nove semanas restantes em nosso ano fiscal e ainda não vi o nível de preocupação e urgência que sei que essa situação exige."

O CEO confidenciou anteriormente, em um momento de pura frustração, que o jogo de acusações estava consumindo uma energia considerável da equipe. O financeiro culpava os diretores das diversas divisões globais por não atingirem suas metas de receita. Os diretores administrativos culpavam o departamento de produção por não entregar os produtos cirúrgicos mais vendidos a tempo, os gerentes gerais culpavam o setor de desenvolvimento de novos produtos por não produzirem novos produtos com rapidez suficiente e o setor de desenvolvimento de novos produtos culpava a produção por não priorizar a fabricação dos novos produtos que eles haviam desenvolvido. Enquanto isso, o departamento de produção, que já fabricava mais de 56 mil produtos exclusivos, culpava o setor de desenvolvimento de novos produtos por complicar sua vida. Além disso, uma escassez global de medicamentos intravenosos gerava um grande desafio para os sistemas de saúde em todo o mundo. A perspectiva de ficar sem esse fluido vital levou os principais meios de comunicação a culparem injustamente a própria organização, uma das maiores produtoras mundiais de medicamento intravenoso. Quanto ao CEO, estava convencido de que "se tivéssemos reinvestido 50% de nossos lucros em produtos futuros, provavelmente teríamos evitado essa situação atual".

Ao terminar seu discurso, o CEO passou a palavra para nós. Começamos dizendo: "Passamos algum tempo conversando com vários de vocês nas últimas semanas, e aqui está nossa avaliação: atualmente vocês estão presos Abaixo da Linha. Até que decidam parar de culpar as circunstâncias pelo fraco desempenho nos lucros e comecem a assumir uma postura de accountability pelo que acontecerá a seguir, não veremos futuramente nada além de fracasso." Essas palavras pairaram no ar enquanto um silêncio ensurdecedor se instaurou na sala. Ficou claro que ninguém esperava esse tipo de avaliação brutalmente sincera.

Nesse momento, sentamos e, em silêncio, aguardamos a resposta da equipe. Todos os olhos estavam postos no CEO. O que ele falaria sobre o que dissemos? Ele permaneceu em silêncio por um minuto inteiro, aparentemente imerso em pensamentos. Então sorriu, olhou ao redor da sala e, com um sotaque alemão carregado, disse: "Sabem de uma coisa, eles estão certos." Ninguém protestou, ninguém defendeu a falta de liderança dele ou dela e todos na sala balançavam suas cabeças demonstrando concordar. O CEO nos deu seu aval. "Obrigado. Por favor, continue."

Durante o tempo restante de nossa reunião exploramos o modelo de Passos de Accountability e discutimos maneiras específicas pelas quais a equipe poderia usá-lo para ficar Acima da Linha. Tudo se resumiu a perguntar e responder às quatro perguntas essenciais que abordaremos mais detalhadamente nos Capítulos 3, 4, 5 e 6:

1. Tomei conhecimento da completa realidade desta situação? (Veja)
2. O que eu fiz para contribuir para essa realidade? (Aproprie-se)
3. O que mais posso fazer? (Solucione)
4. Quem fará o quê e quando? (Faça)

Várias horas de discussão honesta e vigorosa foram necessárias para abordar essas questões, mas antes do fim da reunião, todos os executivos haviam passado para Acima da Linha. Eles identificaram ajustes específicos que cada um deles poderia fazer em sua área de responsabilidade. Um novo senso de urgência instalou-se nos líderes, acompanhado de uma firme determinação em alcançar seu principal resultado de lucros. Sua lista de tarefas incluía:

1. transmitir o senso de urgência aos gestores que respondiam a eles,
2. enrijecer o controle sobre contas a pagar e contas a receber,
3. tornar grandes pedidos e remessas a principal prioridade nas quatro semanas subsequentes, e
4. agilizar a entrega de todos os pedidos por meio de um centro de processamento central.

Cada uma dessas iniciativas buscava alcançar o principal resultado de lucros e levar a empresa adiante. O presidente da divisão norte-americana nos disse mais tarde, naquela noite, enquanto nos levava para o próximo compromisso, dirigindo pela Autobahn a mais de 190km/h: "Foi preciso muita coragem para puxar a orelha de uma equipe executiva inteira dessa forma, mas é exatamente o que precisávamos para assumirmos o controle e mudarmos nossa realidade. Viramos uma página importante hoje."

Desempenhando o Accountability da Forma Certa: A Questão dos Princípios Básicos

1. O CEO de uma grande empresa de produtos de consumo usa o modelo de Passos do Accountability como um guia de referência fácil para responsabilizar-se pelos Principais Resultados. Ele menciona isso muitas vezes durante encontros individuais com seus subordinados diretos e outros. Ninguém pode entrar em sua sala e dar desculpas sem ouvir uma recapitulação do modelo de Passos.
2. A diretora de recursos humanos de um enorme sistema de saúde reescreveu as diretrizes de contratação da empresa para que incluísse um intenso foco em assumir uma postura de accountability acerca dos dois Principais Resultados da empresa focados nos pacientes.

3. Um CEO garante que seus subordinados diretos apliquem regularmente o modelo de Passos de Accountability, fazendo com que cada um deles reconheça o que os arrastou para Abaixo da Linha na semana passada e o que eles fizeram para voltar para Acima da Linha.

4. Nossos clientes, que são líderes, aprendem a aplicar eficazmente o accountability como uma força poderosa e propulsora para alcançar os Principais Resultados. Eles reconhecem que as pessoas passam muito mais tempo Abaixo da Linha do que imaginam. E eles rapidamente identificam quando escorregam para Abaixo da Linha e se recusam a ficar presos nessa posição.

Capítulo Dois

RESULTADOS-CHAVE

Definindo e Alcançando Aquilo que É Mais Importante

O accountability começa a ser gerado quando definimos claramente os resultados. Resultados claramente definidos e amplamente compreendidos são poucos e seletos; eles mantêm todos da empresa alinhados e comprometidos em alcançá-los, independentemente de seu papel, função, departamento ou localização geográfica. Chamamos esses poucos e seletos resultados de *Resultados-chave*. O ideal é que os Resultados-chave sejam limitados de três a cinco resultados importantes, mensuráveis e passíveis de memorização. O alinhamento sofre sem tal clareza e especificidade, e o accountability é marginalizado por toda a empresa.

Listamos a seguir o que entendemos por importante, mensurável e memorizável.

- Importante: Os Resultados-chave são tão importantes que todos os funcionários da empresa devem ser capazes de ligar seu trabalho diário a todo e qualquer resultado-chave. Por exemplo, um Resultado-chave de um aumento de 3% na margem de lucro seria importante se o impacto individual de todos os funcionários pudesse ser ligado a esse Resultado-chave diariamente ao definir prioridades e tomar decisões. Às vezes, essa ligação com o Resultado-chave acontece de forma indireta, mas a construção de tal relação é crucial. Caso o Resultado-chave seja um aumento de 5% na receita, alguém que trabalha no RH com contato direto com os clientes da empresa precisaria entender como suas práticas comerciais podem se alinhar melhor e ajudar a conquistar esse Resultado-chave.

- Mensurável: Cada Resultado-chave deve ser identificado e qualificado de acordo com uma única categoria, métrica e objetivo. Por mais que a maioria das categorias jamais encontre uma métrica única e perfeita, envolver-se e, então, conduzir toda uma organização a conquistar uma métrica e um objetivo nem tão perfeitos é mais eficaz do que fazê-lo junto a uma organização inteira que segue em torno de quinze métricas para cada respectiva categoria. No exemplo apresentado anteriormente, a margem de lucro representa a categoria, o crescimento percentual é a métrica e o aumento anual de 3% é a meta.

- Memorizável: Em primeiro lugar, deve-se ter apenas de três a cinco Resultados-chave. Além disso, quando eles são rotulados de forma que seja usada uma única palavra ou simples frase para identificá-los, isso desperta a atenção e fica na memória da equipe. Quanto menos palavras, mais aceito e memorizável se torna o resultado. Por exemplo, tivemos um cliente que já havia saído na *Fortune* 1000 que usava três números para identificar os três Resultados-chave de uma organização: 5/10/1. O 5 representava a porcentagem ideal de crescimento da receita bruta, 10 representava a porcentagem ideal de crescimento do lucro líquido e 1 representava a porcentagem ideal da redução total dos custos de produção. Dezenas de milhares de funcionários usaram esses três números para direcionar suas ações e decisões durante todos os dias de trabalho do ano.

Clareza quanto aos Resultados-chave permite que todos da empresa identifiquem perfeitamente "Meu Impacto" nos Resultados-chave. Também reduzem drasticamente o tempo gasto em debates sobre prioridades e alocação de recursos. Os Resultados-chave proporcionam aos indivíduos e equipes uma perspectiva comum. Resultados-chave estabelecidos com clareza ajudam a impulsionar as pessoas a superarem suas circunstâncias, obstáculos, romperem barreiras multifuncionais e a constantemente se questionarem "O que mais posso (podemos) fazer?" até que elas realmente conquistem o que mais importa.

Você Pode Listar Brevemente os Resultados-chave de Sua Organização?

A Partners in Leadership (PIL) trabalhou com Elaine Ullian quando ela era CEO do Boston Medical Center (BMC). Em nossa primeira teleconferência juntos, trocamos de início algumas gentilezas e então nos aprofundamos na pauta. Não demorou muito para que admirássemos sua destreza e perspicácia singular nos negócios.

> **PIL:** "Quais Resultados-chave o Boston Medical Center precisa alcançar no decorrer dos próximos 12 a 24 meses?"
>
> **Elaine (rápida no gatilho):** "Temos um 'balanced scorecard' [uma ferramenta de gestão]."

PIL: "Perfeito. Você poderia detalhá-lo?"

Elaine: "Espere um segundo, deixe-me verificar." Ela então falou sem parar listando 21 objetivos individuais que estavam na lista até que pedimos que fizesse uma pausa.

PIL: "Existem quantos resultados na lista?"

Elaine: "Quatro."

PIL: "Mas você já citou mais de vinte."

Elaine: "Bem, nós temos quatro categorias."

PIL: "Então, você tem várias métricas em cada categoria?"

Elaine: "Sim."

PIL: "Quantas categorias já foram até agora?"

Elaine: "Hum, a primeira."

PIL: "Existem quantas métricas em cada uma das categorias?"

Elaine: "Praticamente a mesma quantidade que acabei de listar."

PIL: "Então isso significa que está pedindo à sua equipe que se concentre em mais de oitenta resultados?"

Elaine: "Bem, sim. Mas não soa muito bom quando colocado dessa forma. Deixe-me explicar…"

Elaine começou então a explicar todos os artifícios usados pela BMC para fazer com que as pessoas mantivessem o foco, desde modernos painéis digitais até constantes reuniões entre a equipe executiva e da prefeitura, em que estudavam minuciosamente o progresso de seus resultados.

RESULTADOS-CHAVE

Nós a parabenizamos por dar tanta importância aos resultados, agradecemos por encaixar nossa conversa em sua agenda atarefada e dissemos que retornaríamos o contato depois de entrevistarmos cada membro de sua equipe de liderança executiva.

Como já esperávamos, todas as outras entrevistas foram muito parecidas com essa. Perguntamos a cada executivo sobre os Resultados-chave que a BMC precisava alcançar. Todas as vezes os líderes pegavam um caderno ou vários papéis e começavam a ler em voz alta a lista de resultados, até que pedíssemos que parassem. "Em vez de ler a lista, você pode nos dizer o que lembra dessa lista?" As respostas apresentavam de três a cinco dos mais de oitenta objetivos. Como já era previsto, nenhuma das listas foram exatamente iguais. A lista do CFO enfatizava objetivos financeiros; a lista do diretor de RH focava o empenho da equipe; e os líderes de negócios mais clínicos colocaram em primeiro lugar os objetivos de segurança e qualidade.

Uma semana depois, retornamos para Elaine perguntando:

"De quantos resultados dentre os mais de oitenta presentes na lista você acredita que sua equipe executiva se lembrou sem ter que consultar o documento original?" Depois de uma pausa prolongada, uma risada nervosa do outro lado da linha quebrou o silêncio. Nosso argumento já havia sido provado. Elaine, com toda sua excelência, reconheceu rapidamente que mesmo ela, como CEO, conseguia se lembrar com precisão de apenas alguns dos resultados.

Logo depois, deixamos Elaine mais tranquila, explicando que enfrentamos o tempo todo esse tipo de desafio. Uma empresa se concentra em uma porção de objetivos com o intuito de orientar o maior número possível de funcionários e, então, deixa que eles mesmos identifiquem de três a cinco resultados mais importantes que precisam alcançar dentre todos.

Passamos uma hora depois demonstrando o poder da clareza e do alinhamento, por meio da concentração de três a cinco Resultados-chave que definiriam o sucesso de todo o centro médico.

Elaine entendeu e adotou a ideia.

Cerca de um ano depois do trabalho com a BMC, Elaine nos contou sua nova filosofia de Resultados-chave: "É realmente bem simples. É preciso selecioná-los com sabedoria, distribuí-los de forma ampla, manter o foco neles incansavelmente e medir seu progresso o tempo todo. Essa é a única forma de ter accountability pelos resultados necessários." Ela passou a ser uma defensora da simplicidade e mestre na criação do alinhamento e responsabilidade pela conquista dos Resultados-chave do BMC. Elaine criou, com sua equipe, um foco e clareza como nunca antes visto por todo o sistema, levando a melhorias drásticas no volume de pacientes, segurança, satisfação e controle de custos. Os quatro Resultados-chave do BMC ficaram conhecidos como VSSC — que em inglês é pronunciado "visk": volume, segurança, satisfação e custo — e produziram um lema que uniu e alinhou toda a organização naquilo que tinha mais importância para que o BMC crescesse e tivesse sucesso.

Princípios dos Resultados-chave

Uma cultura na qual se pratica o accountability corretamente é desenvolvida e sustentada por meio da implementação de quatro princípios fundamentais:

1. Defina os Resultados-chave para Estimular o Accountability e Viabilizar as Mudanças Necessárias.
2. Desenvolva Accountability Compartilhado para Melhorar as Chances de Conquistar os Resultados-chave.

3. Perceba que se Esforçar para Conquistar os Resultados-chave é a Base do Trabalho Acima da Linha.
4. Celebre o Sucesso para Conseguir Manter as Pessoas Focadas no Próprio Impacto.

Analisaremos detalhadamente cada um desses princípios.

1. Defina os Resultados-chave para Estimular o Accountability e Viabilizar as Mudanças Necessárias

Você deve lembrar que apresentamos a definição de responsabilidade do *Princípio de Oz* no Capítulo 1. Vale a pena repeti-la neste momento:

> Uma escolha pessoal de superação das circunstâncias particulares e demonstração da ownership necessária para alcançar os resultados desejados; Veja, Aproprie-se, Solucione e Faça.

Observe novamente a ênfase e o foco intencionais nos resultados desejados. Quando líderes definem claramente um número controlável de Resultados-chave importantes, mensuráveis e memorizáveis, os indivíduos se tornam realmente capazes de ter accountability para investigar o que mais podem fazer para atingi-los. Nove em cada dez equipes de gestão sênior não conseguem definir seus Resultados-chave com clareza. Quando não se consegue tal feito, as pessoas não são capazes de enxergar o que mais podem fazer para alcançá-los. As pessoas não podem ter accountability por aquilo que não é definido. O que acontece então? Elas simplesmente se fecham às possibilidades e se concentram em realizar o que é relacionado a seu trabalho, independentemente da conexão entre essas atividades e os Resultados-chave.

Você se recorda da última vez em que ouviu a pergunta: "Qual é o seu trabalho?" Todos nós já a ouvimos de alguma forma em algum momento. Pense na resposta que normalmente daria. Normalmente, primeiro citamos nosso título. Em seguida, logo nos damos conta de que nossos títulos geralmente não dizem muito para quem não faz parte de nossa organização; então, resumimos a descrição de nosso cargo. Mas o que consta na descrição de função? Sem dúvida, uma lista de atividades. Infelizmente, "realizar o trabalho" normalmente significa focar uma série de atividades que podem ou não desencadear os resultados desejados. Confira este breve exemplo. Trabalhamos com um fabricante de motocicletas mundialmente famoso há alguns anos. Antes de começarmos nosso trabalho, entrevistamos alguns funcionários da linha de montagem. Quando perguntávamos aos soldadores da fábrica de Kansas City: "Qual é o seu trabalho?", ouvimos por diversas vezes: "Sou soldador e meu trabalho é soldar o guidão na suspensão dianteira." Após trabalharmos com as pessoas na fábrica por um mês, fizemos outra rodada de entrevistas. E foi isso o que ouvimos dos soldadores na segunda rodada de entrevistas: "Meu trabalho é entregar cinquenta bicicletas por dia. Consigo isso com 212 soldas com zero defeito em cada turno de 8 horas." É claro que, antes da introdução dos Resultados-chave, o foco dos soldadores era apenas realizar seus trabalhos. Depois de seu treinamento e de lançarem um foco deliberado em seus Resultados-chave, eles passaram a enxergar seus trabalhos de maneira diferente. Não quer dizer que seu trabalho tenha aumentado, mas sim que adquiriram uma responsabilidade por algo maior que seus empregos — os Resultados-chave!

Voltando a Elaine, a CEO do BMC, e sua lista com oitenta métricas diferentes, descobrimos que, felizmente, ela conseguiu ver o problema e decidiu por dominá-lo. Ela e sua equipe de lideranças trabalharam juntos no alinhamento deles mesmos e de toda a organização do BMC em torno dos quatro Resultados-chave: volume, segurança, satisfação e controle de custos (VSSC). Como dissemos, o impacto foi imediato. Alinhados em torno dos Resultados-chave, líderes e indivíduos começaram a perguntar o que mais eles poderiam fazer para alcançá-los. Por exemplo, rapidamente, a equipe descobriu que para conseguir determinado volume de pacientes seria necessário reduzir o número de desvio de ambulâncias para outros prontos-socorros em 33%. Apegados à ideia do volume de pacientes, eles exploraram vigorosamente o que mais poderia ser feito para reduzir o número de vezes em que uma ambulância precisaria ser redirecionada para um hospital concorrente porque o BMC não tinha capacidade para mais pacientes.

À medida que aplicavam o Veja, Aproprie-se, Solucione e Faça, os membros da equipe descobriram inúmeras formas inovadoras de chegar à redução de 33%. Um exemplo são os ambulatórios, geralmente localizados em um parque empresarial, que ficavam abertos de segunda a sexta-feira, das 9h às 17h. Em uma reunião, quando pedimos aos gestores ambulatoriais que falassem sobre a conexão entre suas operações e a taxa atual de desvio de ambulâncias do BMC, eles simplesmente responderam: "Esse não é o nosso trabalho. Estamos a 6,5km do hospital e não abrimos nos fins de semana e nem tarde da noite; não cuidamos de emergências."

Quando tentamos nos aprofundar no diálogo, chamamos uma brilhante jovem gestora ambulatorial para conversar, que exclamou: "Nossos ambulatórios *na verdade* impactam o desvio de ambulâncias. Frequentemente nos atrasamos em nosso cronograma e, como resultado, dois ou três pacientes são negligenciados, havendo necessidade de remarcar suas consultas. Esses pacientes ficam sentados em nosso consultório esperando sua vez, mas então pedimos que voltem no dia seguinte, ou no outro. Se for uma sexta-feira, pedimos que voltem na segunda-feira." Ela prosseguiu com a pergunta: "O que as pessoas sentindo dor ou preocupadas com alguma questão médica fazem se um ambulatório lhes diz que devem voltar para casa e retornar mais tarde?" E completou: "Elas dirigem por 6km até o hospital mais próximo e dão entrada no pronto-socorro." Imagine a cena da sala de emergência: dezenas de pacientes em nível emergencial verdadeiro, alguns deles vítimas de acidentes, correram para o hospital, além das dezenas de pacientes em nível não emergencial que foram desviadas das clínicas ambulatoriais. Converse com as enfermeiras do pronto-socorro e elas dirão: "É incrível. É como um relógio; todos os dias da semana, às 17h30, somos engolidos por uma avalanche."

Essa conexão estava começando a fazer sentido para as equipes dos ambulatórios. Um dos líderes fez isso com perfeição: "Quando deixamos de assumir o accountability com nosso cronograma, o pronto-socorro fica cheio de pacientes não emergenciais e assim surge o desvio de ambulâncias para outros hospitais." Quando esse problema finalmente começou a ser discutido e se assumiu o accountability de entregar os Resultados-chave do BMC, eles conseguiram realizar alterações significativas em seu protocolo de agendamento ambulatorial. Em dois meses, o desvio de ambulâncias por todo o sistema do BMC foi reduzido em 28%.

Não se pode exagerar o impacto em uma organização na qual os indivíduos assumem o accountability de alcançar os Resultados-chave. O propósito é a motivação das equipes. As prioridades multifuncionais que se alinham em torno de uma colaboração são o combustível do propósito comum. Aprofundam-se a motivação e a resolução. Há uma melhoria no envolvimento e proatividade em todos os níveis. A alocação de recursos é mais claramente facilitada. A receptividade às necessidades do cliente acelera. Tem-se mais inovação em novos produtos e serviços. A qualidade dos produtos e serviços melhora. É essencial para o sucesso de qualquer organização que ajudemos todos a enxergarem a conexão entre seu trabalho diário e os resultados disso na capacidade de a equipe chegar aos Resultados-chave. Se isso for bem feito, o terreno estará pronto para o accountability compartilhado para os resultados.

2. Desenvolva Accountability Compartilhado para Melhorar as Chances de Conquistar os Resultados-chave

Como alcançar Resultados-chave quase sempre requer um esforço conjunto entre pessoas, o sucesso depende da ownership mútua e do accountability compartilhado. Quando os membros de uma equipe escolhem ficar Abaixo da Linha e começam a colocar a culpa, digamos, no "João", ignoram a oportunidade de encarar seu próprio accountability quanto à situação atual e perdem a chance de crescer com essa experiência. Claro, pode ser que você sinta um alívio quando todos concordarem que João não é culpado, mas não se acomode. A empresa ainda precisa alcançar os Resultados-chave. Você voltou à estaca zero, e talvez sem a ajuda do João. Quando uma organização não consegue atingir seus objetivos importantes, a falta de desempenho mostra uma falha coletiva, e não individual.

Há alguns anos, Ryan Millar decidiu se juntar à nossa empresa. Antes de entrar para nosso time, ele atuou como central em três times diferentes da seleção de voleibol masculino dos EUA, incluindo o time medalhista de ouro dos Jogos Olímpicos de Pequim. Ele sempre falou sobre a mentalidade necessária para que seis jogadores cobrissem efetivamente toda a quadra de vôlei, com cada jogador assumindo a responsabilidade por uma área específica que se sobrepõe às áreas que devem ser cobertas pelos outros jogadores. A qualquer momento, sua responsabilidade definida deve ser alterada para que o resultado desejado esteja garantido. Ryan resumiu tudo isso com uma história convincente:

"Estávamos enfrentando a seleção brasileira, atual campeã olímpica e a equipe número um do mundo. O saque foi do Brasil. Um de nossos jogadores passou a bola para o levantador. Nosso levantador direcionou-a para um dos pontas, que deu uma pancada em direção à defesa brasileira. Os brasileiros defenderam habilmente a bola que retornou para o nosso lado da rede, na minha direção. Eu defendi, devolvendo-a para o lado deles."

Esse foi um momento decisivo na partida. O trabalho de Ryan como central era bloquear e rebater qualquer bola que entrasse em sua esfera de responsabilidade no meio da quadra. E foi exatamente isso que ele fez. Mas então os brasileiros devolveram a bola para Ryan com uma pancada forte, e ele, de repente, viu-se em um papel com o qual não estava acostumado. Ele era um bloqueador, não um levantador.

"Naquele momento, era meu o trabalho de garantir a vitória na partida, saindo da minha função e assumindo o papel de levantador para deixar a jogada perfeita para um dos companheiros de equipe. Eu fiz a jogada. Meu companheiro de equipe mandou a bola sobre a rede e fez um ponto vencedor. E o resto é história. Se eu tivesse me preocupado apenas com meu próprio 'trabalho', bloqueando e acertando no meio da quadra, talvez nunca tivéssemos conseguido a medalha de ouro."

Quando um dos seus funcionários se pergunta "O que mais posso fazer?" para alcançar o resultado, especialmente em momentos de incerteza, estresse, complicações ou dificuldades, a mágica pode acontecer. Esse é o poder do accountability compartilhado. O call center de atendimento ao cliente de uma fábrica de equipamentos industriais recebe uma reclamação séria sobre falha de equipamento. O representante que atender a chamada pode conseguir resolver o problema, mas também pode ser necessário encaminhar para a avaliação e reparo do setor de engenharia, ou para investigação e substituição pelo setor de vendas. Quem é responsável por resolver o problema não importa tanto quanto a necessidade de alguém, qualquer pessoa, resolvê-lo de uma forma que agrade ao cliente.

Uma de nossas clientes, presidente de uma conhecida empresa de serviços financeiros, descreveu sua frustração com a falta de accountability compartilhado da seguinte maneira: "Todos trabalham muito para não deixar a bola cair, mas quando ela cai, muitas pessoas a veem bater no chão e dizem: 'Olha', apontando para um membro da equipe, 'você deixou a bola cair. O problema agora é *seu*'". Essa cliente sabia que projetos podem incorrer em muitas bolas fora. Alguém pode perder um prazo crítico, outra pessoa inclui uma despesa inesperada, outra ignora um detalhe crucial ou desiste no meio de uma tarefa importante. Sua frustração veio ao observar como sua equipe reagia a essas situações. Ela viu algumas pessoas se afundarem Abaixo da Linha e começarem a jogar o jogo do empurra-empurra em vez de saltar para Acima da Linha e lançar mão do Veja, Aproprie-se, Solucione e Faça!

Ao longo dos anos, perguntamos a muitas equipes: "Quem é o responsável pela qualidade?" Em muitas organizações, a resposta é bastante consistente: alguém levanta a mão e todos os outros na sala apontam para essa pessoa. Eventualmente, quando fazemos a pergunta "Quem é o responsável pela qualidade?", todas as mãos são levantadas. Accountability compartilhado. À medida que mais empresas evoluem da conscientização do accountability compartilhado para sua implementação, sempre gerarão melhores resultados.

Fomos contratados por um grande fabricante do Centro-oeste norte-americano para ajudar na implementação de uma ambiciosa iniciativa de TI que levaria à integração de todo o sistema com todas as informações vitais da empresa. Era um enorme e complexo empreendimento. Sabendo que isso levaria as pessoas ao limite, os executivos seniores esperavam que a montagem de uma equipe incluindo pessoas qualificadas de todas as principais funções da organização facilitasse isso. Cada um trazia para o projeto currículos e responsabilidades funcionais muito diferentes, e nenhum tinha participado de um projeto de TI desse tamanho. Para piorar a situação, eles sabiam que as iniciativas anteriores, e menores, de TI enfrentaram problemas com orçamento e cronogramas. O histórico de atrasos e excesso de custos fez com que eles duvidassem de sua capacidade de manter esse projeto gigantesco dentro do prazo e do orçamento. A tarefa de fazer com que esse grande e variado grupo de pessoas trabalhasse em conjunto era assustadora.

Durante a reunião inicial do projeto, trabalhamos com a equipe na definição e criação de accountability pelos comportamentos e atitudes necessários para cumprir essa missão dentro de um ano. No início, o projeto foi cuidadosamente conectado aos três Resultados-chave da empresa pela liderança sênior:

1. Aumento de 25% da receita nos próximos 24 meses.
2. Ampliação de 25% da produção em 12 meses, para atender ao aumento da demanda.
3. Aumento de 25% na satisfação avaliada do cliente.

O novo sistema precisava criar mais produtos para atender ao aumento da demanda. Se a equipe falhasse nessa tarefa, havia o risco de deixar muitos clientes insatisfeitos. E, como resultado, toda a marca poderia sofrer. Verdadeiramente, nosso cliente estava arriscando tudo com esse projeto. E o tempo era crucial. O aumento da demanda ocorreria em doze meses, e o novo sistema precisava estar totalmente operacional nessa ocasião. O sucesso dependia do alinhamento da equipe e de um profundo senso de accountability compartilhado quanto aos recém-esclarecidos Resultados-chave. Era preciso que todos, continuamente, se perguntassem o que mais poderiam fazer para resolver os problemas que enfrentariam ao longo do caminho, superar os obstáculos que surgiriam e, por fim, alcançar os Resultados-chave. E deu certo. Os funcionários constantemente consultavam "a Linha", auxiliando colegas de equipe que ficavam abaixo dela e impulsionando-os a voltar para o lado de cima dela. Chegado o ano seguinte, o sistema estava perfeito. Não só estava pronto antes do previsto, mas também dentro do orçamento. Ao longo dos anos subsequentes, o projeto serviu de modelo para todas as outras iniciativas estratégicas.

O accountability compartilhado geralmente demanda que uma empresa desmonte seus silos e crie equipes multifuncionais. O lendário CEO da General Electric, Jack Welch, esforçou-se bastante na criação do que ele chamou de organização "sem limites". "Se esta empresa quer atingir seus objetivos, todos precisamos acabar com os limites. Ter limites é uma loucura. O sindicato [dos trabalhadores] é apenas outro limite, e você precisa superá-lo da mesma forma que deseja superar aqueles limites que o separam de seus clientes, fornecedores e colegas."

Vejamos outro caso. Fomos contratados por um dos maiores fabricantes mundiais de lava-louças e outros utensílios domésticos. Uma de suas fábricas controlava duas linhas de montagem paralelas separadas por uma fileira de escritórios que cuidavam de estoque e depósitos. Cada linha, na maior parte do tempo, funcionava autonomamente, e cada uma desenvolveu sua própria cultura. Sob a liderança do supervisor da linha, os trabalhadores da Linha de Montagem Um se tornaram hábeis na rápida identificação de um subconjunto defeituoso de qualquer uma das vinte estações de trabalho da linha. Quando um subconjunto com defeito era identificado, o supervisor imediatamente confrontava o operador responsável pelo problema e, com todos na condição de espectadores, o constrangimento fazia com que a pessoa corrigisse o problema e melhorasse seu desempenho no futuro. Naturalmente, todos os outros na linha, protegidos por uma ilusão de segurança, culpariam o operador que errou por seu atraso. À medida que o tempo foi passando, porém, eles começaram a esconder seus erros, esperando manter-se protegidos da culpa, e sem reconhecerem um erro mesmo quando confrontados pelo supervisor. O resultado foi uma diminuição na produção e um aumento, que durou vários meses, nos subconjuntos defeituosos e na sucata.

Ao lado, na Linha de Montagem Dois, a cultura desenvolvida pelos trabalhadores era notavelmente diferente. Quando um operador cometia um erro em uma estação de trabalho, seus colegas imediatamente ofereciam ajuda para resolver tal problema rapidamente e sem muita discussão. Agindo como parte de uma equipe, cada um se sentia compartilhadamente responsável pelo resultado final da montagem de produtos de qualidade dentro do prazo. Libertos da falsa ilusão de segurança criada pelas explicações e histórias de vítimas, os funcionários tinham apreço uns pelos outros e se ajudavam, identificando rapidamente erros, mas nunca acusando um indivíduo de prejudicar o esforço coletivo. Como resultado, a produção na segunda linha de montagem continuou alta, com menos subconjuntos defeituosos e sucata em quase zero.

Os operários da Linha de Montagem Um escondiam seus erros, culpavam uns aos outros por problemas e, no geral, andavam, falavam e pensavam como vítimas. Em contraste, aqueles na Linha de Montagem Dois tinham prazer em suas funções, gostavam de trabalhar uns com os outros, sentiam-se realizados e geravam grandes resultados. Qual foi a diferença entre essas duas culturas de trabalho? Há uma diferença fundamental entre elas: uma cultura de trabalho demonstrou accountability compartilhado pelos resultados e ficou Acima da Linha; a outra não.

3. Perceba que se Esforçar para Conquistar os Resultados-chave é a Base do Trabalho Acima da Linha

Quando uma pessoa se encontra empacada Abaixo da Linha, o que ela está realmente querendo alcançar? Não são os Resultados-chave. Quando presas Abaixo da Linha, as pessoas desistem dos resultados e passam a trabalhar na história que podem contar para justificar o motivo de não conseguirem fazê-lo. Assumir o accountability sempre acarreta um pouco de risco pessoal. "Só estou fazendo meu trabalho" cria uma zona de conforto, mas ela geralmente ameaça sua capacidade de conseguir resultados. Esse conforto é uma ilusão. Para superar essa ilusão, é preciso assumir o accountability de responsabilizar-se pelo "Meu Impacto" para chegar aos Resultados-chave, e isso só acontece Acima da Linha.

Por exemplo, vejamos o caso de Dennis Antinori, vice-presidente de vendas de uma grande empresa de produtos médicos, que aguardava ansiosamente pela próxima reunião nacional de vendas, na qual a empresa lançaria vários novos produtos. Dois meses antes da reunião, Dennis recebeu a notícia de que os novos produtos seriam lançados com doze meses de atraso. Atordoado com a notícia, ele se viu enfrentando três enormes desafios:

1. como atingir seus números sem a ajuda de novos produtos,
2. como ajudar sua equipe de gerenciamento de vendas a permanecer Acima da Linha, e
3. como manter seus representantes de vendas comprometidos com a realização das metas de vendas, apesar da falta de novos produtos.

Sabendo como operar Acima da Linha e encarar a responsabilidade como uma força poderosa e positiva, Dennis se reuniu com seus gerentes de vendas para reavaliar as circunstâncias. Depois de marcar 20 minutos no relógio e deixar a equipe debater-se Abaixo da Linha em ações terapêuticas de vitimização, reclamando sobre o motivo pelo qual o resto da empresa as decepcionou, Dennis conscientemente mudou a discussão para Acima da Linha. Com a visão Acima da Linha, os enormes obstáculos para alcançar as metas de vendas ainda pareciam estarrecedores, mas não intransponíveis. Dennis perguntou: "Considerando os obstáculos que enfrentamos, e eles são enormes, o que mais podemos fazer para ultrapassá-los e alcançar os resultados que desejamos e que a empresa precisa?" A princípio, a pergunta confundiu os gerentes de vendas. "Como", eles perguntaram, "podemos resolver um problema de novos produtos sem novos produtos?". Dennis respondeu: "Esse não é o nosso problema *verdadeiro*. O problema *real* é sobre vendas e não novos produtos. Devemos aceitar a realidade de que não receberemos novos produtos este ano e que a empresa ainda depende de nós para alcançar seus números. Jogar a culpa no pessoal de desenvolvimento de novos produtos não anulará nossa responsabilidade de alcançar as metas de vendas." Após uma longa discussão, a equipe passou para o nível Acima da Linha e começou a perguntar: "O que mais podemos fazer para alcançar as metas de vendas deste ano, apesar de não contarmos com novos produtos?"

Nos meses seguintes a essa reunião, Dennis Antinori e sua equipe de gerenciamento de vendas encontraram muitas novas e criativas formas de aumentar as vendas e cumprir as metas estabelecidas no início do ano. Ao fim do ano, seu desempenho se mostrou excelente, um dos melhores da história da empresa: um saudável aumento de 15% nas vendas em relação ao exercício anterior. Passado o fim do ano, Dennis perguntou à sua equipe: "O que mais contribuiu para nosso sucesso de vendas no ano passado?" Ele resumiu as respostas assim: "A sensação de todos era de que adotamos uma abordagem Acima da Linha nessa situação. Desperdiçamos pouco tempo culpando o desenvolvimento de novos produtos e nos desafiamos a cancelar todo o pensamento negativo. Então, conjuntamente, chegamos a soluções que talvez não encontraríamos antes. Enfrentamos o desafio de frente. Fomos mais focados do que frustrados, e tivemos sucesso não obstante as probabilidades em contrário que se acumulavam contra nós."

Quando os líderes definem claramente os Resultados-chave que sua equipe ou organização precisa criar, eles não apenas dão início ao importante esforço de conectar todos ao que é mais importante, mas também acabam com a ilusão de que estar ocupado, realizar uma atividade rotineira, microgerenciar todos os detalhes do trabalho ou fazer o esperado é "fazer o trabalho". Fazer o trabalho é chegar ao resultado. O que é mais custoso para uma organização, um revés momentâneo da falha de uma solução criativa e retornar à fase de planejamento, ou a paralisia permanente da vitimização? Não é pecado voltar ao planejamento, se esse for o caminho para os Resultados-chave; mas continuar correndo no mesmo lugar como um *hamster* dentro de uma roda girando rapidamente é uma ilusão de progresso. Líderes eficazes ensinam os verdadeiros custos do pensamento e comportamento Abaixo da Linha a seus funcionários, enfatizando os benefícios de ficar e manter-se Acima da Linha.

4. Celebre o Sucesso para Conseguir Manter as Pessoas Focadas no Próprio Impacto

Quando todos compartilham o accountability de atingir os resultados organizacionais, todos quase automaticamente criam o impulso e velocidade para alcançar os Resultados-chave. Todos adotam a mesma definição de futuro bem-sucedido, veem uma conexão entre seu trabalho específico e para onde a organização precisa ir e se sentem engajados na causa para chegar lá. Sempre indicamos que os líderes devem "celebrar o sucesso" para anunciar as realizações ao longo do caminho para os resultados. E isso pode ter várias formas, seja por uma sinalização real sonora ou qualquer outra coisa que forneça reconhecimento significativo. Sem lembretes claros do progresso, os funcionários podem se perder em meio à atividade diária necessária à realização de seu trabalho e perder o foco nos resultados. Reconhecer o desempenho positivo a qualquer momento cria impulso e reforça a importância do accountability pessoal e compartilhado naquilo que é mais importante. Todos sabemos que, nos esportes, os jogadores recebem energia e comprometimento extra quando veem o placar acender e ouvem a torcida nas arquibancadas comemorando seus pontos.

Um de nossos clientes, recém-nomeado líder de uma grande equipe de vendas internacional, descobriu rapidamente que sua força de vendas se concentrava principalmente nas tarefas diárias. Aqueles que viajavam muito e aqueles que normalmente não saíam do escritório se sentiam desgastados pela rotina diária, e tendiam a fazer pouco mais do que o esperado até a hora de ir para casa e relaxar. Como combater esse cansaço e instigar uma emoção renovada sobre o fechamento de vendas e conseguir um aumento de 25% no total de vendas brutas? Era preciso algo além dos bônus de fim de ano para manter a animação da equipe ao longo do caminho. Ocasionalmente, ele teve uma pequena ideia que poderia ocasionar uma grande diferença. Ele instalou um grande sino de bronze na parede externa de sua sala no escritório. Durante o dia, quando um representante que trabalhava internamente ou externamente fechava uma venda, o sino soava tão alto que podia ser ouvido por todo o andar de escritórios e cubículos.

Obviamente, o sino chamava a atenção das pessoas, não apenas na equipe de vendas, mas também no restante da empresa. Em pouco tempo, todos começaram a se dedicar mais ao trabalho para fazer algo que merecesse tocar o sino. Como seu toque era por uma ação específica que movia a organização na direção necessária, o sino automaticamente reforçou a necessidade de enxergar além dos processos, procedimentos e políticas e, em vez disso, focar os Resultados-chave que a equipe de vendas precisava alcançar. E não fazia diferença se você fosse um vendedor interno ou externo, todos sabiam do sino que tocava.

O ideal é que você estabeleça sua própria prática de "chamar a atenção" no início de um novo ano fiscal, durante o lançamento de um novo projeto ou iniciativa importante, e sempre que propuser um novo conjunto de Resultados-chave. As pessoas precisam enxergar além da linha de chegada; é preciso que elas ouçam também o sino que marca um passo significativo nessa direção. Quanto mais ele tocar, mais impulso será criado. "O sino" ajuda as pessoas a se concentrarem nos Resultados-chave e evita que elas se percam em meio a esse mar de atividades. Quando o sino continua tocando, o tipo de accountability que gera impulso e gera sucesso é reforçado.

Desempenhando o Accountability da Forma Certa: Definir Claramente os Resultados e Colocá-los em Destaque

1. O Diretor-executivo de Informação de uma companhia de seguros iniciou suas reuniões de equipe questionando sobre os Resultados-chave, pedindo aos membros da equipe que "fizessem a ligação" entre suas funções e cada um dos Resultados-chave. As respostas mais sólidas muitas vezes eram recompensadas com cartões de presente da Starbucks.
2. A equipe de comunicação de uma grande produtora de energia nos arredores da Filadélfia colocou grandes outdoors de seus Resultados-chave no caminho de quase 2km até o estacionamento em sua sede. O primeiro outdoor, que deveria introduzir os outros, era um pouco menor e dizia: "Seu trabalho é alcançar..."

3. Um grande cliente varejista decidiu formalizar pautas de reuniões por toda a organização. Um aspecto do modelo de pauta de reunião padrão era separar e categorizar os itens da pauta por meio dos Resultados-chave. A mensagem era, basicamente: se você não conseguir conectar o item da pauta a um Resultado-chave, ele não entrará na nossa pauta!
4. Trabalhamos com um grande fabricante de automóveis (*Fortune 50*) que integrou seus três Resultados-chave dos "Três Zeros" (emissões, acidentes, congestionamento) em praticamente tudo o que fazia. Esses Resultados-chave se tornaram tão integrados e inspiradores que os operários sindicalizados da linha de produção frequentemente se norteavam pelos Resultados-chave por conta própria.

Capítulo Três

VEJA

Criando Coragem para Aceitar a Realidade

Ver é o primeiro e mais difícil passo para estar Acima da Linha. De fato, diríamos que muitas vezes é um passo que provoca "dores de cabeça" em indivíduos, equipes e organizações como um todo. Ver exige um nível de curiosidade, coragem e humildade que o leva a ouvir coisas que talvez não esteja pronto para escutar. Você deve estar ávido para se expor a novas perspectivas, estar preparado para enfrentar a realidade e disposto a reconhecer que não possui todas as respostas. Sem curiosidade, coragem e humildade, sua capacidade de Ver será severamente tolhida.

Aceitar a realidade de uma situação nunca é uma tarefa fácil, especialmente aquelas que são desagradáveis, perturbadoras ou injustas. Ver requer um certo nível de humildade que tanto líderes experientes quanto iniciantes normalmente acabam perdendo ao longo da ascensão de poder em suas carreiras dentro da organização. Por isso, essa etapa pode representar um sério obstáculo à continuidade da eficácia de um líder. É muito frequente que líderes passem a acreditar que devem ser os únicos a fornecer todas as respostas. No entanto, aprendemos com nossa experiência que os líderes mais eficientes criam espaços que serão ocupados por outras pessoas. Eles veem as coisas com maior clareza por demonstrarem interesse e buscarem a perspectiva dos outros. Mostram-se curiosos e demonstram um desejo sincero de ver pelos olhos dos outros. Eles sabem o impacto material que essas outras perspectivas terão sobre sua capacidade de entender completamente o que está acontecendo. Por outro lado, os líderes menos eficazes com quem interagimos ocupam todos os espaços. Eles já têm todas as respostas. O ponto de vista deles é o que conta. Essa mentalidade debilitante os impede de obter as informações necessárias e de aceitar a realidade de qualquer situação — eles simplesmente não Veem.

Ninguém vê tudo perfeitamente, mas você pode chegar muito mais perto de enxergar as coisas como realmente são demonstrando interesse e observando pela perspectiva dos outros. Para isso, você precisa considerar a possibilidade de não ser capaz de ver alguns aspectos importantes sobre a realidade de sua organização.

Para ver aquilo que os outros enxergam, é preciso um enorme esforço para além de sua própria perspectiva limitada.

O que Você Não Está Vendo?

Foi preciso muito trabalho para transformar a preguiçosa cultura de "Ignorar e Negar" instaurada em um grande fabricante de equipamentos, em uma cultura mais sólida, na qual Ver se tornou um hábito diário, e isso tudo começou quando o CEO aceitou a realidade da empresa. Seu primeiro ano como CEO não foi nada fácil. Com 15 mortes decorrentes de falhas dos equipamentos, uma onda de recalls dos produtos e uma multa de US$50 milhões, a reputação da empresa foi por água abaixo. No dia em que ocupou o cargo de CEO, ele se viu no meio de um tornado cercado de publicidade negativa e ira por parte dos clientes. Por já ter sofrido a experiência de uma falência no começo de sua carreira, ele não estava disposto a deixar essa calamidade colocar a empresa em risco.

Desde o início, o CEO demonstrou habilidade para enfrentar os problemas que assolavam a empresa com transparência e abertura excepcionais. Começou seu trabalho com firmeza, demitindo 15 trabalhadores após uma investigação sobre o recall do produto. Em seguida, adotou imediatamente uma estratégia de comunicação em mídias digitais que passava uma mensagem autêntica, humilde e sincera por intermédio de várias plataformas: "Os problemas não desaparecem quando você os ignora; eles crescem." Ele estava dizendo ao mundo: "Eu *vejo* o que está acontecendo. Lidarei com isso sem medo."

O desempenho dele no maior cargo da empresa fez com que uma revista do setor colocasse seu nome no topo de sua lista dos CEOs de recuperação mais bem-sucedidos. Grande parte dessa honra se deve ao fato de que ele exigiu que as pessoas comunicassem imediatamente os problemas que identificavam em qualquer parte da organização. Mais precisamente, ele estava dizendo às pessoas:

Quando você Vir algo, Diga.

Ajudamos o CEO a criar um dos lemas culturais mais importantes de sua empresa: "Seja Ousado: Com todo o respeito, eu falo e compartilho ideias sem medo." Com ousadia e coragem dedicada, o CEO deu início a uma era de transformações na empresa fabricante de equipamentos que foi revolucionária, passando de um lugar em que pessoas amedrontadas mantinham os olhos e a boca fechados, para um lugar em que todos se esforçavam para ver e falar sobre qualquer problema que limitasse a capacidade da empresa de obter melhores resultados.

Princípios de Veja

O ex-presidente da Intel, Andrew S. Grove, entendeu haver um risco comum a praticamente todos os negócios: "Toda empresa passa por um ponto crítico quando precisa mudar de forma drástica para ascender a um patamar superior de desempenho. Se a companhia não for capaz de *ver* e *aproveitar* o momento, entrará em declínio. Coragem é a chave."

Reconhecer um comportamento Abaixo da Linha e enfrentar a realidade de uma situação devem ser atitudes recompensadas, não punidas. Como discutimos no Capítulo 1, o accountability não funciona como uma espécie de martelo para punir as falhas das pessoas; é um mecanismo que as impulsiona a alcançar um maior crescimento pessoal e melhores resultados. Nós, humanos, somos imperfeitos por natureza. Ignorar nossas imperfeições não nos leva a lugar nenhum; reconhecê-las nos ajuda a ver nossa situação e o caminho para conquistar melhores resultados com maior clareza. O fundador e CEO de um importante sistema de assistência médica reafirmou essa verdade atemporal em suas considerações finais após uma reunião de liderança mediada por nós que durou dois dias. Ele disse à sua equipe: "Quero deixar vocês com um pensamento que não me sai da cabeça: agora preciso encarar a terrível e incômoda verdade de que *eu* preciso mudar!"

Esses quatro princípios de Veja o ajudarão a iniciar a mudança em tudo aquilo que for necessário:

1. Deixe Seu Ego na Porta para Melhorar Sua Visão.
2. Receba as Conversas Difíceis com Otimismo para Torná-las Contagiosas.
3. Aceite o Feedback que Receber para Acelerar Sua Capacidade de Promover Mudanças.
4. Estabeleça uma Relação entre o que Você Vê e os Resultados-chave para Seguir Buscando Alcançá-los.

Vamos analisar cada princípio com mais atenção.

1. Deixe Seu Ego na Porta para Melhorar sua Visão.

Egolatria é uma escolha feita pelo indivíduo que o coloca no centro do mundo e faz com que ele se concentre quase exclusivamente em satisfazer primeiro suas próprias necessidades e bem-estar. Essa escolha faz com que as pessoas não vejam a realidade por completo. Alguns líderes, por exemplo, acham que lidar com millennials é uma tarefa difícil, especificamente porque essa geração vê o mundo de uma maneira completamente diferente. Algumas pessoas da geração Baby Boomer ou da Geração X, que seguiram pelo mesmo caminho, desenvolveram a concepção de que os millennials agem como crianças autocentradas, como se tivessem alergia a trabalhar duro e se sentem no direito de receber recompensas e promoções sem merecê-las. São esses líderes que permitem que essas concepções ditem o modo como se relacionam com a geração millennial ou que a Geração Z tente impor suas ideias aos futuros líderes de suas organizações, em vez de ouvi-los, aprender com eles e tirar proveito das óbvias diferenças. Ao escolherem superar os estereótipos das gerações mais jovens, os boomers acabam descobrindo um precioso tesouro repleto de pessoas imensamente talentosas, com sonhos e aspirações singulares, com as quais se comprometem intensamente. Selecionamos alguns fatos recentes que confirmam a necessidade de entender e aceitar essas diferenças:

- Em 2018, a geração millennial ultrapassou os baby boomers e a geração X como o maior índice demográfico populacional em força de trabalho nos EUA.
- Segundo uma pesquisa publicada pela Gallup, 71% dos millennials estão ativamente ou passivamente *desinteressados* por seus trabalhos.
- O mesmo estudo apontou que 60% dos millennials estão, no momento, considerando fortemente novas oportunidades de emprego.
- Os 29% dos millennials que estão motivados em seus empregos revelaram que provavelmente não trocariam de emprego caso o mercado de trabalho melhorasse nos próximos doze meses.
- 82% dos millennials alegam serem fiéis a seus empregadores.
- Apenas 1% dos profissionais de RH acreditam que a geração millennial seja fiel a seus empregadores.

Você vê o paradoxo e a oportunidade aqui presentes? A produtividade sofre quando os millennials, ou, na verdade, quaisquer funcionários, não se envolvem completamente em seu trabalho. Os resultados ficam abaixo das expectativas. Além da queda de produtividade, pense no custo da constante rotatividade de funcionários. Estudos recentes publicados pela Training Industry e pela Associação para o Desenvolvimento de Talentos (ATD) estimam que o custo de cada troca de funcionário [nos EUA] pode chegar a US$25 mil. Alguns pesquisadores apontam para um custo médio ainda maior para essa troca. A Partners In Leadership pesquisou e estudou durante mais de 30 anos o tema engajamento e desinteresse no ambiente de trabalho. Podemos resumir nossas descobertas em uma regra que pode até parecer simples:

Se você deseja aumentar o engajamento de seus funcionários, garanta que todos saibam que suas vozes serão ouvidas.

Para que os funcionários demonstrem engajamento, os líderes precisam abrir mão do ultrapassado estilo de gerenciamento baseado em "comando e controle" ou "o chefe é quem sabe". Embora alguns ainda possam estar apegados a muitas dessas práticas do pós-Segunda Guerra, gerenciar as pessoas com uma abordagem militar simplesmente não funciona com as novas gerações de trabalhadores. O que funciona é deixar seu ego na porta e criar um ambiente de confiança em que as pessoas, sejam jovens ou mais velhas, recebam o respeito que merecem.

2. Receba as Conversas Difíceis com Otimismo para Torná-las Contagiosas

Apresentamos três principais sugestões quando treinamos os clientes para seguirem o passo Veja: "Diálogo, diálogo e diálogo." Ajudamos recentemente a Equipe de Liderança Global de uma empresa de multimídia listada na *Fortune* 500 a orquestrar um evento que duraria alguns dias. O CEO e principal membro do Conselho de Administração de uma das maiores empresas de alimentos e bebidas do mundo deu início à conferência. No final de seu discurso, o CEO abriu espaço para perguntas. Uma mão se levantou no canto de trás da sala. "Como uma multinacional, com forte presença em todo o mundo como a sua, acelera o ritmo da mudança quando é preciso agilidade para mover-se?"

"Boa pergunta." O CEO sorriu e ficou em silêncio enquanto todos esperavam por uma resposta que certamente mencionasse as vanguardas de estudo de gerenciamento de mudanças digno das universidades de elite. Mas não foi o que aconteceu! Em vez disso, ele apresentou uma resposta que poderia até parecer simples:

"Se hoje você tem conversas difíceis apenas uma vez por ano, precisa começar a tê-las duas vezes por ano. Se você já tem duas dessas conversas por ano, comece a tê-las trimestralmente. Se as tem trimestralmente, passe a adotá-las mensalmente. Se já tem essas conversas mensalmente, comece a tê-las semanalmente. E se você já tem conversas difíceis uma vez por semana, agende-as diariamente." Então, em um tom que revelava emoção, ele disse: "Se você deseja acelerar a mudança, precisa reduzir o tempo cíclico de suas conversas difíceis." Nós mesmos não poderíamos ter dito isso de uma forma melhor.

Os líderes que seguem essa regra naturalmente servem de exemplo para outros, fazendo com que toda a cultura passe a funcionar baseada no modo "Veja e Diga". Eles promovem um senso de confiança na cultura. Depois de avaliar milhares de organizações nos últimos trinta anos, chegamos a um insight importante:

Organizações que insistem em conversas difíceis com frequência geram os níveis mais altos de accountability.

O diálogo franco e honesto ajuda todos a enxergarem a realidade de uma situação. É quase desnecessário dizer que a tendência de ignorar e negar a verdade impede a Visão das pessoas. Ernest Hemingway ilustrou perfeitamente isso em seu livro de 1926 chamado *O Sol Também Se Levanta*:

"Como você foi à falência?", perguntou Bill.

"De duas maneiras", disse Mike. "Gradualmente e então repentinamente."

Quanta verdade há nisso! Se você não estiver prestando atenção, uma verdade anteriormente ignorada ou uma realidade difícil podem surpreender você e BUM! Você vai ao chão. Se for "franco e honesto" às vezes, irá à falência gradualmente e, então, repentinamente. Faça isso o tempo todo e prospere. A promoção de Kelli Valade à presidente do Chili's Grill & Bar mostra os benefícios de tornar habitual a prática arraigada de um feedback aberto.

Em 2016, quatro décadas após ser fundado em Dallas, o restaurante Chili's Grill & Bar nomeou Kelli Valade sua primeira presidente mulher. O novo trabalho tornou Kelli encarregada de supervisionar todos os aspectos de operações domésticas dos restaurantes, marketing, franquias e recursos humanos da marca, que era responsável por cerca de 1.600 restaurantes na época. Logo depois de assumir o cargo, ela sabia que liderar uma rede tão ampla de forma eficaz dependeria do aumento do número de conversas difíceis que tinha com seu pessoal. Ela formou o que chamou de "Comitê da Kelli", no intuito de fazer com que as pessoas vissem, conversassem e ouvissem observações sobre o que estava funcionando ou não na empresa. Esses comitês, compostos principalmente de funcionários e gerentes da linha de frente, tornaram-se seus olhos e ouvidos operacionais. Quando formou esses comitês em todas as partes da organização, ela começou a descobrir os problemas táticos nas operações de rotina dos restaurantes. Esse sistema de alerta antecipado lhe permitiu simplificar as operações e aumentar a receita rapidamente, provando para toda a organização que "o feedback não tem preço", um mantra que Kelli repetia todos os dias para seus funcionários.

3. Aceite o Feedback que Receber para Acelerar sua Capacidade de Promover Mudanças

Muitos anos atrás, começamos a trabalhar com um conceito global de fast-food que estava prejudicando a participação de mercado de todos os competidores. A empresa pioneira de uma abordagem de franquia que estimulou um crescimento muito rápido e expansivo acabou dominando por décadas seu segmento. Porém, à medida que o tempo passava, a liderança os tornou acomodados. Para os clientes, o produto havia mudado muito pouco e, agora, parecia-se demais com as ofertas dos concorrentes. Como resultado, a marca estava perdendo muitos de seus antigos e fiéis fãs. Ironicamente, seus concorrentes copiaram tão bem o modelo de negócios da líder que essa estratégia, antes sensacional, já não mais se revelava eficaz. Seu market share despencou e o preço das ações encolheu.

Em um de nossos contatos iniciais com sua equipe de liderança expandida, o CEO da empresa iniciou a reunião dizendo: "Antes de nos aprofundarmos no tópico da reunião desta manhã, quero mostrar um pequeno vídeo para vocês." Era a primeira vez que isso nos acontecia. Ficamos surpresos quando vimos o rosto de Jim Cramer na tela, o impetuoso apresentador de fala rápida e envolvente do programa *Mad Money* da rede de televisão CNBC. Durante seis minutos inteiros, Cramer detonou a equipe de liderança presente na sala. Ele lamentou a arrogância demonstrada pelos líderes seniores quando os entrevistou. Ridicularizou suas desculpas pela situação atual da empresa. Zombou do fato de culparem a fraca economia e as táticas agressivas de preços praticados pela competição por seu fraco desempenho. Tudo se resumia a uma triste conclusão: os líderes da marca se tornaram especialistas no jogo de acusações.

Cramer então começou a comparar as finanças deles com as de um concorrente que o vinha derrotando nos últimos anos. Cramer nunca havia ouvido uma única palavra de desânimo durante suas conversas com esse rival. Ele contou como nessas ocasiões ouvia sobre um ótimo pensamento estratégico em torno do desenvolvimento de novos produtos criados para as realidades econômicas vigentes e abordagens inovadoras para gerar maior eficiência interna e uma melhor experiência do cliente.

O vídeo se encerrava com Cramer pegando um dos produtos da marca anteriormente aclamado que estava em cima de uma mesa do cenário, atirando-o contra a parede e observando-o deslizar lentamente até o chão, enquanto afirmava: "Esse é o preço de suas ações!" E então, cutucando um pouco a ferida, ele disse que a empresa estava derramando lágrimas de crocodilo quando o assunto era seu ambiente competitivo, que a concorrência estava tendo accountability com relação às circunstâncias, não deixando que a recessão atual no segmento de fast-food os desviasse do caminho em busca de melhores resultados.

Imagine o silêncio provocado pelo choque de todos quando a tela ficou preta. O CEO olhou para a equipe e disse: "Querem saber de uma coisa? Cramer está certo. Tenho sido um CEO Abaixo da Linha e permiti que vocês fossem carregados comigo."

Ele concluiu seus pensamentos com um aviso severo. "Precisamos que todos os funcionários desta empresa saibam como ter accountability com respeito à nossa situação antes que seja tarde demais! Este pessoal vai nos ajudar a ter mais accountability pessoal, de equipe e organizacional para que possamos ter um futuro melhor." Ele então passou a palavra da reunião para nós. Aceitamos o desafio.

Para encurtar a história: Essa marca começou a divulgar comentários ríspidos, com críticas pesadas sobre seus produtos por todos os seus escritórios para fomentar e pôr em movimento sua necessidade de mudar. Depois de solicitar e agir sobre uma quantidade sem precedentes de feedback durante um ano inteiro, seus líderes perceberam o poder de ouvir funcionários e clientes com atenção. Eles passaram a internalizar e adotar o feedback dos clientes como se fosse um presente dos céus. Esse feedback deu combustível para fomentar as mudanças na linha geral de produtos, e também revisões dos ingredientes utilizados em seus principais produtos. No decorrer de alguns anos, a empresa registrou recordes em resultados de receita bruta e lucro líquido.

Relembrando nossa experiência nessa impressionante reviravolta, poderíamos atribuir a mudança de trajetória da empresa a um novo hábito simples (mas não tão fácil de ser adquirido): a prática constante e implacável de feedback para que as lentes do passo Veja permaneçam claras e nitidamente focadas.

É preciso paciência, persistência e coragem para querer descobrir e ouvir duras verdades.

Temos dito há anos que Ver depende tanto dos ouvidos quanto dos olhos. Ao entender a essência dessa realidade, você buscará e dará feedback como se sua vida dependesse disso.

4. Estabeleça uma Relação entre o que Você Vê e os Resultados-chave para Seguir Buscando Alcançá-los

Você pode identificar muitos problemas que acredita que sua organização deva resolver, mas, a menos que um problema específico o impeça de alcançar os Resultados-chave desejados, você não deve torná-lo uma prioridade. Como discutimos no Capítulo 2, é necessário identificar e entender os Resultados-chave, o motivo pelo qual devem ser alcançados e se algum problema específico precisa ou não ser solucionado para que isso aconteça.

Não há razão para seguir os próximos Passos do Accountability ou solucionar um problema específico se isso não levar a organização a atingir seus objetivos. Antes de avançar para o passo Aproprie-se, tenha certeza de que entendeu completamente que é capaz de comunicar com clareza e realmente compreende os *motivos* pelos quais a organização precisa alcançar seus Resultados-chave.

Se não houver relação com os Resultados-chave, não se trata de uma prioridade.

Há seis anos, trabalhamos junto de uma enorme organização multinacional fabricante de produtos de consumo para o mundo todo. Provavelmente você verá seus produtos em qualquer banheiro público do mundo. O CEO da empresa tinha criado uma lista estratégica de mandamentos e prioridades que enumerava, em duas páginas inteiras, métricas e metas para a organização de ponta a ponta. O nome de cada membro da equipe de liderança aparecia na lista seguido por uma série de itens específicos. Por exemplo, o vice-presidente de RH deve aprimorar o processo de recrutamento de profissionais da empresa, o diretor de TI deve reduzir o tempo necessário para desenvolver e instalar um novo sistema, o gerente de operações deve implementar um novo e importante sistema de gerenciamento de materiais em cada estabelecimento industrial, e o vice-presidente de finanças deve fornecer análises mais detalhadas das práticas atuais de fluxo de caixa.

Então, todos os líderes pensaram: "Bem, terei que contratar mais pessoas para obter esse resultado." Infelizmente, o orçamento já tinha chegado no limite. Uma verdadeira guerra se instaurou. Cada líder defendia seu território e lutava por recursos escassos.

Foi aí que o CEO nos pediu ajuda. Quando começamos a entrevistar os líderes, ficou óbvio que passavam mais tempo sabotando as iniciativas dos outros do que se esforçando para realizar suas próprias. A taxa de colaboração atingiu níveis baixíssimos, nunca antes vistos. Cada líder protegia seu território. Ninguém, desde o vice-presidente até seus subordinados, era capaz de dizer com clareza quais eram os Resultados-chave da empresa.

Era um caso clássico de "não conseguir enxergar um palmo diante do nariz". Todos poderiam citar uma longa lista de problemas que precisavam ser solucionados, mas a grande quantidade de prioridades não permitia que as pessoas pudessem enxergar os resultados mais importantes. Os líderes não conseguiram encontrar uma relação entre o que viam e os Resultados-chave da empresa porque o CEO havia criado muitas prioridades e não havia conseguido comunicar o que a empresa precisava com toda certeza realizar naquele ano. Com nossa ajuda, ele identificou uma pequena lista de itens indispensáveis. Então, convocou uma reunião na qual passou uma mensagem clara: "Esqueça por um instante de você mesmo, sua equipe de gerenciamento e sua área funcional, e pense como um CEO. Pergunte a si mesmo: 'O que essa empresa realmente precisa fazer para ter sucesso?' O que eu acho está aqui." Ele distribuiu uma pequena lista:

Nossos Resultados-chave

1. Alta Qualidade: Nenhuma Devolução de Produtos
2. Segurança: Nenhum Acidente
3. Margem de Lucro: 10%
4. Envolvimento dos Funcionários: Reduzir a Rotatividade Voluntária em 15%

"Vocês me ajudarão a descobrir como sua parte da organização nos ajudará a chegar lá?"

Todos sentiram uma profunda mudança na maneira como encaravam o futuro da empresa. Eles sabiam que a empresa poderia prosperar caso conseguissem alcançar esses resultados. Também sabiam que precisavam se concentrar e resolver qualquer problema que os atrapalhasse nessa tarefa. Todas as discussões sobre os recursos que criaram atritos anteriormente, cessaram. À medida que a equipe sênior contemplava a pequena lista de Resultados-chave, as pessoas reconheceram que estavam "à deriva" anteriormente e ofereceram sugestões para fazer com que recomeçassem.

Um ano depois, a organização não apenas alcançou seus Resultados-chave, mas também corrigiu muitos dos problemas que atormentavam as equipes. Com todos alinhados em torno dos Resultados Principais, a colaboração melhorou drasticamente e os antigos conflitos por território ficaram no passado. O feedback passou a focar o progresso alcançado e o progresso necessário. Não se tratava mais de uma "troca interpessoal", na qual qualquer reclamação pessoal poderia ser extravasada. Em vez disso, o feedback se tornou uma "conversa organizacional" que levou as pessoas a alcançarem os Resultados-chave mais rapidamente. Mais precisamente, feedback franco e aberto, comunicação clara e sincera e disposição para admitir falibilidade pessoal se tornaram a marca registrada da maioria das reuniões envolvendo a liderança sênior.

Desempenhando o Accountability da Forma Certa: Evoluindo para Ver

1. Ray Burick, da Lockheed Martin, criou o "Comitê dos Artesãos", o qual os funcionários da linha de frente poderiam compartilhar pensamentos e ideias sobre como impactar a cultura da empresa e entregar os Resultados-chave com maior eficiência. Foi criado um "Gabinete de Guerra" no qual o feedback ficava escrito nas paredes e era possível compartilhar e mapear as melhorias.
2. Um executivo de uma empresa listada na *Fortune* 10 se sentou no palco por duas horas esperando ansiosamente receber feedback de seus 350 principais líderes sobre sua própria liderança. Cada resposta que recebia era cuidadosamente registrada em um bloco de notas apoiado em seu colo. Uma semana depois, um dos diretores presentes na reunião nos confessou que nunca pensou que viveria para ver o dia em que um executivo de sua empresa seria tão vulnerável, humilde e preciso ao começar conversas sobre crescimento pessoal e organizacional.
3. Quando Ginger Graham era CEO da Advanced Cardiovascular Systems, ela criou "relações de feedback" entre os funcionários da linha de frente e cada membro de sua equipe executiva. O parceiro de feedback de Ginger foi Kevin, que trabalhava a área de expedição da empresa. Todo mês, Ginger se encontrava com Kevin para ouvir o feedback dele sobre sua percepção acerca da empresa. Essa experiência foi tão especial para Ginger que, mais tarde, ela incluiria parte das palavras contidas no feedback de Kevin em um

artigo chamado "Se Quer Sinceridade, Quebre Algumas Regras", publicado no *Harvard Business Review*. No artigo, ela mencionou não apenas a importância do feedback que recebeu de Kevin, mas também o impacto das histórias compartilhadas por toda a organização relacionadas à interação única que os executivos seniores tiveram com os funcionários da linha de frente.

4. Uma proeminente empresa fabricante de tacos de golfe profissionais que tivemos como cliente criou um cartão de pontuação simples para acompanhar as trocas de feedback semanais. Muito parecido com a forma como você acompanharia sua própria pontuação em uma partida de golfe, essa empresa criou uma mentalidade dentro de sua cultura de que "se você quiser melhorar em algo, é melhor que seja capaz de mensurar e acompanhar o progresso ao longo do caminho". Os líderes da empresa nos contaram que, durante as primeiras semanas de implementação do cartão, foram capazes de acompanhar milhares de trocas de feedback que não poderiam ter acontecido de outra forma.

Capítulo Quatro

APROPRIE-SE

Avaliando o Consenso e Definindo a Participação

As pessoas normalmente se importam mais com suas posses do que com aquilo que não possuem. Muitos de nós cuidamos melhor de um carro que conseguimos comprar graças ao nosso dinheiro suado do que um carro alugado. O mesmo acontece em situações de negócios. Se você ou sua equipe perceber que não está conseguindo alcançar os Resultados-chave, sua ownership pessoal determinará até onde poderá chegar para corrigir a situação. Quando se torna capaz de Ver as coisas — ou seja, a realidade de sua própria situação, de sua equipe e/ou da organização — você pode cair na tentação de não se esforçar muito para *consertá-las* se achar que outra pessoa ou algo acabará fazendo isso por você. Suponhamos que você seja o chefe. O que prefere ouvir de uma equipe de desenvolvimento de produtos: "Ei, chefe, temos um grande problema aqui" ou "Identificamos um problema aqui e temos várias ideias sobre como solucioná-lo"? Obviamente, vai preferir ouvir a segunda opção.

PROPULSOR

Ownership Completa demanda consenso e participação no que diz respeito aos Resultados-chave.

Assim como acontece com o accountability, hoje em dia fala-se muito sobre ownership, mas a maioria não consegue definir de modo claro e conciso seu real significado. Se procurar no dicionário, verá que a maioria das definições de ownership gira em torno de direitos de governar ou controlar. Mas para nós, colocar o passo Aproprie-se em prática vai muito além da definição de ownership segundo os dicionários. Aprendemos com nossas experiências anteriores que alguém demonstra ownership quando é capaz de ligar as circunstâncias atuais ao passado e ao futuro. Mais precisamente, ownership é a capacidade de estabelecer uma conexão entre onde você está hoje e o que fez ou deixou de fazer no passado que levou às circunstâncias atuais. Todos nós tomamos decisões, atitudes e respondemos a informações que nos levaram às circunstâncias atuais. Precisamos nos apropriar dessas realidades. Quando o fazemos, descobrimos um imenso poder de influenciar nosso futuro. Com esse entendimento mais profundo do que significa se Apropriar, podemos rapidamente estabelecer uma conexão entre onde estamos hoje e onde queremos estar no futuro, incluindo o que precisaremos fazer no presente para garantir que chegaremos lá.

Ownership significa fazer todos saírem das arquibancadas e entrarem no campo, no qual são capazes de arregaçar as mangas, colocar a mão na massa e não parar até conseguir realizar algo que precisa ser feito. Aqueles que se Apropriam estão sempre participando ativamente. Eles tomam as atitudes necessárias, fazem as coisas certas acontecerem e alcançam os Resultados-chave, independentemente de concordarem ou discordarem da necessidade ou lógica para obtê-los.

Você É Capaz de Fazer a Conexão?

Há alguns anos, começamos um trabalho junto à empresa de seguros de saúde que mais cresce nos Estados Unidos. A empresa havia falhado em seguir o planejamento por dois anos seguidos e parecia que não conseguiria alcançar os resultados novamente naquele ano. Um dos Resultados-chave da empresa era "Um primeiro de janeiro de sucesso". Um primeiro de janeiro de sucesso significava que, no primeiro dia do ano, todas as coberturas dos assegurados pelo serviço de seguro-saúde da empresa constavam no sistema e estavam prontas. Muitos líderes principais da empresa entraram em contato com a PIL para que pudéssemos ajudá-los a retomar o rumo em direção a esse Resultado-chave.

Durante nossa preparação para a primeira reunião, ficou claro que estávamos entrando em uma situação delicada, com líderes apaixonados e de personalidades fortes, que se preocupavam muito com os negócios. Iniciamos a reunião promovendo uma discussão entre líderes de vendas e de operações. Infelizmente, a primeira reunião se transformou rapidamente em uma clássica representação do jogo de acusações. O chefe de operações, que já estava na companhia há muito tempo, esforçou-se muito para não parecer combativo. Mas era óbvio que ele estava muito frustrado com a equipe de vendas. Ele foi cauteloso em suas palavras, mas objetivo na mensagem: a equipe de vendas foi a culpada pelo atraso no primeiro dia do ano. Por outro lado, a líder de vendas também foi muito clara sobre seus sentimentos. "Eu nem queria estar nessa reunião. Essas reuniões com consultores são uma completa perda de tempo. Só precisamos de operações para corrigir o problema."

Achamos que a situação difícil era fascinante e previsível. Na verdade, cada equipe demonstrou ownership por seus próprios resultados, mas nenhuma delas demonstrou ownership pelo Resultado-chave geral da empresa, que era ter um primeiro de janeiro de sucesso. Esse único erro fez com que a relação de trabalho entre as duas equipes se tornasse extremamente disfuncional. Vemos isso acontecer o tempo todo no início de nossas relações com clientes. A equipe de operações focava e trabalhava incansavelmente para "esticar" seu processo de melhoria contínua. A equipe de vendas estava ocupada focando seu sistema de vendas bem arrojado para garantir que os representantes atingissem suas metas. Mas nenhuma dessas equipes havia entrosado seus respectivos processos e sistemas o suficiente para atingir o Resultado-chave da empresa de obter sucesso no primeiro dia do ano. Preocupados apenas com seu próprio trabalho, nenhuma das equipes era capaz de ver ou apropriar-se da necessidade de manter a operação funcionando como um todo. Como resultado, toda a companhia apresentava um desempenho aquém do desejado.

No decorrer da reunião, a equipe de operações culpou a de vendas por lhes repassar informações tarde demais, forçando-a a ajustar seus processos habituais e a tomar atalhos que levaram a atrasos que, por sua vez, acabaram tirando recursos extremamente necessários de outros projetos. Os custos das horas extras estavam no teto. A equipe de vendas reclamou que o pessoal de operações estava tornando tudo muito complexo, enchendo seus processos de burocracias inúteis que dificultavam as tomadas de decisão. "O pessoal de operações quer tantos relatórios e avaliações de dados constantes que passamos mais tempo documentando as vendas do que fechando vendas."

No meio da manhã da reunião, que durou o dia todo, sentimos que era a hora certa para dar alguns conselhos afiados às equipes: "Ambos precisam estar Acima da Linha para que possam Ver mais e Apropriar-se mais." Por sorte, não demorou muito para que respondessem ao nosso feedback com accountability. Em minutos, sentimos uma mudança no tom e no teor da reunião. Os membros da equipe de operações reconheceram que precisavam ser mais agressivos e eficientes na simplificação de seus processos e abrir mão de alguns dos relatórios que exigiam. Os membros da equipe de vendas também entraram na conversa, admitindo que poderiam fazer um trabalho melhor extraindo dos clientes as informações necessárias de forma mais rápida.

Acima da Linha: Você pode escolher Apropriar-se depois de Ver.

Pudemos sentir a tensão paralisante na sala começar a aliviar quando as duas equipes começaram a demonstrar ownership pela situação da empresa em geral. Ambas as equipes começaram a trabalhar no que poderiam fazer a mais para tornar o primeiro de janeiro da empresa um sucesso. O resto é história. A organização fechou suas lacunas e obteve o maior sucesso já alcançado em um primeiro de janeiro dos últimos tempos. Tanto a equipe de operações quanto a de vendas reconheceram francamente, com total transparência, que ainda precisavam trabalhar para melhorar a colaboração e a coordenação, mas ambas as equipes se sentiam orgulhosas por terem mantido um maior nível de desempenho colaborativo desde que passaram a trabalhar Acima da Linha para alcançar os Resultados-chave da empresa.

Princípios do Passo "Aproprie-se"

Durante os últimos trinta anos, estudamos e documentamos o indispensável papel desempenhado pelo princípio de ownership na conquista de resultados individuais, de equipe e organizacionais. Desenvolvemos um modelo que fornece um retrato fácil de lembrar dos Níveis de Ownership mais comuns, para que possa ajudar nossos clientes a entenderem melhor a relação entre ownership e resultados:

Quatro Níveis de Ownership

++	**COMPLETA** — Participação / Concordância
+	**POSITIVA** — Participação / Discordância
0	**NULA** — Falta de Participação / Concordância
−	**NEGATIVA** — Falta de Participação / Discordância

Observe os dois elementos fundamentais que determinam cada nível de ownership: Consenso e Participação. Ao analisar detalhadamente cada um dos níveis de ownership, preste muita atenção a esses elementos fundamentais. Não é surpresa alguma que a Ownership Completa esteja no topo, mas, para destacar o movimento de baixo para cima, começaremos da base para ajudá-lo a desenvolver maior apreço pelos dois níveis mais altos de ownership.

1. Entenda as Consequências da (−) Ownership Negativa.
2. Enfrente a Decepção da (0) Ownership Nula.
3. Aproveite as Vantagens da (+) Ownership Positiva.
4. Colha os Frutos do Poder da (++) Ownership Completa.

Buscando exemplificar os Níveis de Ownership de forma prática, observe a enorme transformação sofrida por um de nossos clientes, um dos maiores restaurantes informais do mundo. Sua equipe executiva começou a se preocupar cada vez mais com uma complicada mudança nas preferências dos clientes em relação às opções de refeições rápidas, popularizadas por concorrentes como Chipotle. No modelo da rede Chipotle, os clientes encontram cardápios enxutos, comida de boa qualidade e bom atendimento, tão rápido quanto o de praticamente qualquer fast-food. Além dessa mudança acerca das preferências dos clientes, o CEO e a equipe de liderança sênior sofriam pressão por parte do Conselho de Administração para que melhorassem os lucros líquidos da empresa. A solução para ambos os desafios foi introduzir um cardápio extremamente simplificado, diminuindo a quantidade de itens de 139 para 74.

1. Entenda as Consequências da (-) Ownership Negativa

Com o lançamento do novo cardápio aprimorado, os líderes de campo de nível sênior notaram imediatamente que os gerentes-gerais das lojas reagiram ao novo cardápio com diferentes níveis de ownership. Um grupo pequeno, porém expansivo, acabou discordando da mudança no cardápio e não contribuiu de forma alguma para que o esforço fosse bem-sucedido. Diariamente era possível ouvir os seguintes comentários: "Ninguém se preocupou em me perguntar quais itens do cardápio meus clientes gostariam que estivesse nessa nova versão. Eu não apoiarei isso. As empresas terão o que merecem."

Ownership Negativa = Falta de Participação e Discordância

Aqueles que não concordam com a direção de um líder e passam a maior parte do tempo alimentando desalinhamentos, desacordos, ressentimentos e disfunções por toda a equipe fazem com que a organização ande para trás. Essa postura de (–) Ownership Negativa, que faz com que as pessoas discordem da direção e se recusem a participar de suas implementações e conquistas, compromete a realização dos Resultados-chave em todos os sentidos. Problemas e dificuldades permanecem escondidos e sem resposta, uma vez que as informações necessárias para identificá-los, corrigi-los e solucioná-los são retidas pelas pessoas. E mais: raramente os indivíduos que se encontram dentro do padrão de (–) Ownership Negativa escondem seu descontentamento. Eles costumam se empenhar em recrutar aliados que apoiem suas posturas descontentes e, em muitos casos, tornam-se um câncer que se espalha por toda a cultura. Caso esses indivíduos sejam convidados pela gerência a deixarem a organização, muitas vezes os companheiros de equipe lamentam que tenha demorado tanto tempo para que alguém tomasse essa atitude, permitindo que danos desnecessários ocorressem. A dificuldade de entrar em consenso e a falta de participação, quando somadas, resultam na (–) Ownership Negativa que realmente pode puxá-lo para trás. O cálculo do custo gerado por permitir que mesmo uma pequena parcela de seus gerentes mantivessem uma (–) Ownership Negativa motivou líderes seniores a trabalharem duro para fazer com que esses gerentes participassem.

2. Enfrente a Decepção da Ownership (0) Nula

Mas a (−) Ownership Negativa não era o único problema deles. No setor de operações dos restaurantes, os gerentes regionais também encontraram gerentes-gerais de lojas que apresentavam (0) Ownership Nula. "Sim, *concordo* que precisamos simplificar nosso cardápio. Já faz muito tempo que precisamos dessa mudança. Contudo, o sucesso do nosso restaurante depende completamente de que o departamento de marketing tome as decisões corretas. Espero que eles consigam dar um jeito nisso antes que nossa clientela fique muito ansiosa. Só temos que esperar para ver."

Ownership Nula = Falta de Participação e Concordância

Esse tipo de atitude reflete uma postura de concordância com a necessidade de mudanças no cardápio, mas não demonstra nenhuma intenção de colaborar para que sua implementação seja bem-sucedida. Basicamente, um líder com (0) Ownership Nula tem pensamentos como estes: "Concordo que algo precisa ser feito, mas não sou eu quem tem que chegar a essas conclusões. Isso é problema *deles*. *Eles* que descubram de que forma isso deve ser feito." Nesse caso, o problema é que as pessoas realmente acreditam que não têm obrigação de participar. Por isso, a (0) Ownership Nula pode ser extremamente *ilusória*. Aparentemente ela leva a crer que existe alguma parcela de ownership. As pessoas demonstram entusiasmo sobre o assunto em questão, reconhecendo plenamente a gravidade da situação. Elas demonstram concordar que um certo problema precisa ser solucionado ou que algum resultado precisa ser alcançado, mas, em seguida, eximem-se de realmente participar de sua solução ou dedicar-se a alcançá-la junto à equipe. Caso medidas não sejam tomadas, a postura de (0)

Ownership Nula pode estabelecer um precedente para a falta de iniciativa em toda a organização. Para aqueles que demonstram (0) Ownership Nula, o jogo de empurra-empurra não tem fim. Sim, esses indivíduos realmente Veem, e até demonstram fisicamente concordar enquanto ouvem os outros discutirem a necessidade de Apropriar-se, mas não participam e não fazem esforço algum para Solucionar os problemas, tornando-se parte dele e bloqueando a capacidade geral da organização de Fazer algo sobre isso. Novamente, o preço pago por nossos clientes por permitirem que mesmo uma pequena parcela de seus gerentes permaneçam desempenhando (0) Ownership Nula motivou os líderes seniores a trabalharem duro para fazer com que esses gerentes participem das questões.

3. Aproveite as Vantagens da (+) Ownership Positiva

Isso tudo nos leva a (+) Ownership Positiva: aqueles que discordam do objetivo, mas participam ativamente de sua conquista. As formas de discordância podem se manifestar de inúmeras maneiras. Alguns podem discordar porque acreditam que a métrica e o objetivo apresentados não parecem fazer sentido. Outros podem discordar simplesmente porque não possuem conhecimento, entendimento ou contexto necessário. Ou ainda, alguns podem decidir que não conseguem entender certa decisão, baseados em seus próprios critérios, e argumentar sugerindo uma mudança de direcionamento. Então, qual é a vantagem da (+) Ownership Positiva? A resposta é simples: Aqueles que demonstram (+) Ownership Positiva, por mais que exponham abertamente sua discordância, estão comprometidos a concentrar-se naquilo que podem fazer a mais para que o resultado desejado seja alcançado e a fazer o que for preciso para que isso aconteça. Dessa forma, a participação fala mais alto do que as discordâncias.

Ownership Positiva = Participação e Discordância

Além dos mais de dois mil gerentes regionais e gerais da rede de restaurantes, muitos dos colaboradores das lojas não concordavam com as mudanças no cardápio. Alguns desses colaboradores ficaram chateados porque os hábitos de consumo de seus clientes não pesaram mais no processo de decisão. Eles compartilharam abertamente sua opinião de que seus clientes não fariam essa transição sem consequências. Eles também questionaram a análise usada para sustentar tal decisão, uma vez que as vendas demonstravam crescimento por dois anos seguidos. Porém, o que destacou os gerentes e colaboradores que demonstravam (+) Ownership Positiva foi o fato de que, apesar de suas discordâncias, eles seguiram em frente e desempenharam accountability por sua participação no sucesso da implementação do cardápio e por fazer com que seus colegas tomassem a mesma atitude.

A (+) Ownership Positiva tem poder de propulsão exatamente porque, apesar de discordarem, as pessoas que demonstram essa postura são capazes de tomar atitudes positivas. Já vimos muitos líderes tomarem decisões que não agradaram e, ainda assim, conseguirem que as pessoas participassem ativamente da conquista dos resultados desejados. Observe por um instante suas próprias respostas Acima da Linha sobre orientações ou decisões com as quais você não concordou realmente. Você foi capaz de passar por cima de suas discordâncias e focar a conquista do resultado? Caso tenha conseguido, agiu com (+) Ownership Positiva. Se você não foi capaz de passar por cima de suas discordâncias e se mostrar participativo na conquista do resultado, agiu com (−) Ownership Negativa.

Em termos de Nível de Ownership, tanto líderes quanto indivíduos permanecem Abaixo da Linha enquanto não atingirem o nível de (+) Ownership Positiva, no qual as pessoas participam inteiramente da conquista do resultado, apesar de discordarem. Então, qual é a real diferença entre (−) Ownership Negativa e (+) Ownership Positiva? Observe novamente o modelo de Níveis de Ownership. Aqueles que se encontram tanto no nível de (+) Ownership Positiva quanto no de (−) Ownership Negativa discordam da decisão ou do direcionamento. Quanto a isso não existem diferenças. O nível de participação é o que os difere. Em (−) Ownership Negativa, as pessoas não participam de forma alguma do processo de obtenção do resultado necessário ou do avanço de uma decisão específica. Em (+) Ownership Positiva, as pessoas são participativas, concentrando intencionalmente seus esforços em fazer o que é preciso para alcançar o resultado ou avançar em questões.

Recordamo-nos de nosso trabalho com Randy Tobias, CEO da Eli Lilly, depois de ter deixado seu cargo na AT&T. Mesmo estando há pouco tempo na Lilly, ele já afirmava corajosamente que não havia sequer uma pessoa na empresa que desempenhava accountability por qualquer decisão. A cultura da Eli Lilly prezava completamente por consenso. Estávamos acompanhando Randy quando ele confrontou sua equipe de liderança, declarando: "Quem toma as decisões são os líderes, não as equipes." Existe uma valiosa lição em seu discurso. Os líderes são responsáveis por tomar decisões e liderar suas equipes para alcançar resultados. Nem sempre eles dispõem do tempo necessário para fazer com que todos, tanto em suas equipes como em toda a organização, concordem com suas decisões e direcionamentos. Todo líder deve aproveitar e aceitar as vantagens da (+) Ownership Positiva. Essas vantagens propulsoras consistem no esforço para que as pessoas passem por cima de suas discordâncias, estejam em conformidade com o direcionamento e desempenhem accountability para que sejam participativos e possam alcançar os resultados desejados. A (+) Ownership Positiva revela ser uma vantagem para qualquer organização e qualquer líder, podendo motivar as pessoas a agirem, por mais que haja discordâncias.

4. Colha os Frutos do Poder da (++) Ownership Completa

Por fim, chegamos a (++) Ownership Completa, modalidade na qual as pessoas concordam plenamente e participam prontamente do direcionamento, objetivo ou resultado necessário. A concordância e aceitação são o que distinguem esse nível do nível de (+) Ownership Positiva. Por estarem de acordo com o proposto, nem por um momento sequer demonstram insegurança diante das opiniões. Quando uma decisão é tomada, elas seguem sem hesitações e imediatamente se dedicam a obter o resultado desejado. Elas atuam em suas versões mais criativas, nunca desistindo, sempre rejeitando o pensamento Abaixo da Linha e trabalhando incansavelmente para obter sucesso. Em (++) Ownership Completa as pessoas tanto concordam com a decisão ou direcionamento como participam da conquista dos resultados desejados. Quando se trata dos Resultados-chave, os líderes seniores devem elevar sua Ownership e se comprometer com esses resultados, dedicando-se pessoalmente para que possam ser conquistados. Dentre os líderes de escalões mais altos, se o desejo é acelerar e impulsionar sua organização, discordâncias acerca dos Resultados-chave não são bem-vindas.

Ownership Completa = Participação e Concordância

PROPULSOR

O CEO dessa rede global de restaurantes comunicou sua expectativa à sua equipe de liderança: "Não podemos seguir com essa mudança de estratégia sem que todos os membros dessa equipe desempenhem Ownership Completa. Está na hora de 'elevar o nível' de nossa Ownership, discutindo e debatendo sobre o que precisamos para resolver todas e quaisquer preocupações e, assim, chegar a um acordo sobre nossos Resultados-chave e nossa estratégia para alcançá-los. Não podemos ter discordâncias acerca desses Resultados-chave nesta sala. Teremos a discussão necessária e seguiremos em frente na implementação de nossa estratégia juntos, estando perfeitamente de acordo sobre o que estamos tentando alcançar. Quais perguntas precisamos responder para que possamos avançar com (++) Ownership Completa sobre nossos Resultados-chave?"

Como todos os membros da equipe de liderança sênior estavam dispostos a "subir de nível", concordando com os Resultados-chave e estratégias, comprometendo-se e participando 100% desses feitos, todos os níveis de gestão, desde a gerência geral da loja, adotaram rapidamente níveis elevados de Ownership. Foram feitas mudanças imediatas de direcionamento. Histórias impactantes sobre como o novo cardápio possibilitou melhores abordagens de venda entre funcionários e clientes foram aberta e frequentemente contadas. As informações se espalhavam livremente, apontando para os benefícios eficazes que ocorreram na cozinha por conta da simplificação do cardápio. A comida chegava à mesa mais quente e de forma mais rápida. Após implementar sua nova estratégia com sucesso, a rede de restaurantes registrou recordes de vendas nos primeiros seis meses e teve um dos melhores anos de todos os tempos, permitindo a obtenção de mais lucros do que o Conselho havia estipulado como meta.

Conecte o Passo "Aproprie-se" aos Resultados-chave

Nosso aprofundado estudo sobre accountability no ambiente de trabalho revela que uma alarmante quantidade de funcionários desempenha seu trabalho diário de acordo com níveis de Ownership Nula ou Positiva. Pesquisas adicionais revelam que isso acontece porque eles não entendem as motivações por trás dos Resultados-chave (*concordância*) e/ou não conseguem encontrar uma relação entre seus afazeres diários e o impacto disso sobre os Resultados-chave (*participação*). Se é de seu desejo desenvolver uma melhor ownership, tenha em mente que participação e concordância andam de mãos dadas e são indispensáveis.

A Ownership Completa depende de que as pessoas aproveitem o fato de que seu trabalho tem efeitos diretos ou indiretos sobre os Resultados-chave. É importante reforçar que a falta de concordância pode se apresentar de muitas formas diferentes — muitas delas, razoáveis e até atraentes. Independentemente da forma assumida, discordâncias quase sempre indicam que aqueles que discordam não possuem as informações, o entendimento ou o contexto estratégico necessário para atingir o nível de Ownership Completa.

Um de nossos colegas, Brad Starr, conta uma história que ilustra bem esse ponto. Durante uma viagem de negócios, ele descobriu que ficaria em um assento localizado em uma das duas saídas de emergência do avião prestes a começar a decolagem. Enquanto os motores do avião rugiam, a comissária de bordo deu início às instruções de saída de emergência. Olhando à sua volta, Brad percebeu que as pessoas a seu lado estavam conversando, assistindo filmes, lendo livros, enviando mensagens em seus telefones e checando e-mails ou postando em redes sociais, sem prestar um pingo de atenção às instruções de segurança da comissária. Esta, claramente incomodada com a indiferença dos passageiros, saiu de seu roteiro tradicional e disse algo que fez todos prestarem atenção: "Em meus 18 anos de voo, apenas duas vezes tivemos que evacuar o avião porque a fumaça havia tomado conta dele."

Agora todos prestavam atenção nela. "Uma dessas ocasiões terminou de forma ruim; na outra, deu tudo certo. As coisas só deram errado naquela experiência porque a pessoa que estava sentada nessa poltrona da janela puxou a porta, largou-a no corredor e, em vez de ficar para ajudar as outras pessoas, pulou para o escorregador. A porta côncava balançando no chão estava impedindo as pessoas de saírem. Foi uma confusão! Elas tropeçavam e caíam enquanto a fumaça escura tomava conta do avião. Foi uma correria quando tivemos que evacuar todos pelas outras saídas. Na outra situação em que deu tudo certo, os passageiros tinham realmente *ouvido* minhas instruções. Espero que isso não aconteça neste avião, mas preciso saber se saberão como nos ajudar a sair daqui caso aconteça." Brad lembrou: "Foi incrível; parecia que as pessoas estavam subitamente prestando atenção!" E concluiu: "Uma informação que já ouvimos por alto centenas de vezes de repente capturou a atenção. O incidente foi incrível, pois a comissária nos disse *por que* suas instruções eram vitais para a nossa segurança e *por que* precisávamos prestar atenção. Ela fez com que todos concordassem e participassem imediatamente."

Pense nas quatro reações às mudanças no cardápio do restaurante. A jornada da Ownership Negativa até a Ownership Completa trilha um caminho desde a falta de entendimento e de participação até a total consciência dos motivos de sua importância e total participação para fazer com que isso aconteça. Isso nos lembra a velha história dos três construtores trabalhando na construção da fundação de um novo prédio. Quando uma pessoa que passava por ali perguntou o que eles estavam fazendo, o primeiro disse que estava empilhando os tijolos. O segundo disse que estava erguendo um muro. O terceiro disse que estava construindo uma catedral. Todos estavam fazendo a mesma coisa. O primeiro tinha um emprego. O segundo tinha uma carreira. O terceiro tinha uma causa.

Envolvimento não é algo que surge com facilidade. Pense na imagem que lhe vem à mente quando ouve: "Maggie está totalmente *envolvida* no que está fazendo." Provavelmente, você pensa em uma mulher depositando toda sua atenção, concentração, energia e criatividade na tarefa em questão, seja ornamentação com flores ou pilotar um avião de caça. Suponhamos que ela e seu colega de equipe Suman sejam integrantes de uma equipe responsável pela venda de martelos e chaves de fenda. Seu gerente lhes diz: "Pessoal, vocês precisam vender muito mais chaves de fenda agora, pois teremos uma margem de lucro muito maior com elas." Suman concorda completamente e diz com firmeza: "Sem dúvidas, chefe, entendo totalmente. Venderei muitas chaves de fenda." No fim da semana, ele teria vendido 2 mil martelos e apenas 120 chaves de fenda, porque, aparentemente, é muito mais fácil vender martelos do que chaves de fenda. Ele concordou, mas não se envolveu. Já para Maggie, depois de ter dito: "É isso, chefe", ela teria feito uma correção proposital em sua rotina de ligações de vendas para agora focar os benefícios de encomendar chaves de fenda. No final da semana ela teria chegado a um número de vendas de mil martelos e 1.200 chaves de fenda. Você acertou. Ela não apenas concordou, ela se envolveu completamente. Suman Viu; Maggie Viu e Apropriou-se.

Talvez o chefe de Suman não tenha sido claro o suficiente sobre o objetivo. Como discutimos no Capítulo 2, você deve ser perfeitamente claro sobre Resultados-chave com aqueles que são responsáveis por atingi-los.

À medida que gerar mais concordância e mais participação, verá a Ownership aumentar drasticamente em suas equipes e em toda a organização. Seja determinado ao explicar o "porquê" de suas demandas. Ajude as pessoas a estabelecer a relação entre seu trabalho e a conquista dos Resultados-chave. No fim das contas, as pessoas querem saber os motivos pelos quais estão seguindo um direcionamento específico e que estão contribuindo individualmente para que a equipe ou organização realmente chegue lá.

Desempenhando o Accountability da Forma Certa: Conquistando Ownership Acima da Linha

1. Um vice-presidente de operações mediou uma discussão sobre como sua equipe estava afetando as vendas por meio da gestão dos níveis de estoque. Os dados da equipe de vendas mostraram que, quando os clientes precisavam esperar mais três dias pelo produto, as vendas caíam em 44%. Quando a equipe de operações entendeu como a gestão do estoque afetava as vendas, todos os membros da equipe que desempenhavam Ownership Nula (Concordância e Falta de Participação) passaram a demonstrar Ownership Completa (Concordância e Participação). A partir de então, todos passaram a analisar os níveis de estoque com muito mais cuidado e atenção.

2. O CEO do grupo de restaurantes, citado anteriormente neste capítulo, recentemente passou novas metas de vendas à sua equipe de liderança e os incentivou a visitarem restaurantes toda semana, independentemente de suas funções específicas. Isto é, ele queria que profissionais de funções de suporte, como RH e marketing, visitassem os restaurantes da rede tanto quanto os líderes operacionais, aumentando sua participação na conquista dos Resultados-chave.

3. O CEO de um grande hospital em Richmond, Virgínia, participa de visitas de rotina aos pacientes quando chega ao trabalho, todas as manhãs, para que sua "participação" sirva de exemplo para cada membro de sua equipe executiva de como contribuir para os Resultados-chave da "Experiência do Paciente".

4. Uma empresa global de fast-food havia passado por problemas graves de segurança alimentar. As medidas iniciais visando corrigir os problemas de segurança alimentar foram consideradas por grande parte dos funcionários como opressivas e controladoras. A instalação de câmeras em todos os restaurantes, por exemplo, fez com que muitos desses funcionários sentissem que seus líderes superiores demonstravam Ownership Nula e desconfiança. Trabalhamos com o novo diretor de operações para apontar imediatamente a discordância usando dados de concorrentes que lideravam o setor de segurança de alimentar. Essa medida, somada à interpretação intensa da opinião idealizada pela liderança sobre o que os funcionários pensariam sobre as câmeras, fez com que a organização seguisse uma trajetória sólida até a aceitação dessa importante mudança estratégica.

Capítulo Cinco

SOLUCIONE

Adquirindo a Sabedoria para Solucionar Aquilo do Qual Se Apropria

Aqueles que desempenham altos níveis de accountability depositam toda sua energia criativa na conquista de resultados, enquanto aqueles que estão presos Abaixo da Linha desperdiçam sua energia inventando desculpas sobre o motivo de não estarem atingindo os resultados. Como citamos nos capítulos anteriores, isso se aplica a indivíduos, equipes e organizações inteiras. Aqueles que se recusam a depositar toda sua energia criativa na invenção de desculpas atingem resultados excepcionais. E, ainda, aqueles que sempre descobrem o que mais podem fazer para obter sucesso atingem resultados excepcionais. Quando se trata do passo Solucione, aqueles que têm conquistas excepcionais usam seu pensamento criativo para responder a essa pergunta que pode parecer simples, mas se mostra incrivelmente propulsora: "O que mais posso fazer?" Sempre que se deparam com problemas que desafiam as soluções convencionais, eles vão mais a fundo e além do óbvio, perguntando: "O que mais posso fazer para solucionar esse problema?" Se obter os resultados necessários começa a parecer cada vez mais algo impossível, eles se perguntam novamente se há algo mais que podem fazer para que as coisas voltem aos eixos e possam seguir na direção certa. Fazendo constantemente a pergunta do passo Solucione, eles evitam entrar no ciclo de vitimização à medida que encontram e enfrentam obstáculos no caminho rumo ao sucesso. A pergunta "O que mais posso fazer?", quando repetida diversas vezes, reflete a atitude e a mentalidade do passo Solucione que na maior parte das vezes diferencia os vencedores dos perdedores. Por mais simples que possa parecer, essa pergunta impele indivíduos, equipes e organizações a pensar e a agir de acordo com os padrões Acima da Linha.

O que Mais Posso Fazer?

Jill Ragsdale, vice-presidente sênior e Chief Culture Officer (CCO) [cuja função é cultivar e manter a cultura organizacional da empresa] da Sutter Health no norte da Califórnia, está entre os líderes mais impressionantes e inspiradores com os quais lidamos ao longo dos anos. Conhecemos Jill logo após sua saída da Mayo Clinic, com o cargo de diretora de RH, assim que voltara à Sutter Health, em segunda passagem pela empresa. As responsabilidades de Jill na Sutter não consistiram somente em administrar quase 60 mil funcionários espalhados por dezenas de hospitais e centenas de ambulatórios na função de RH, mas também em orquestrar uma transformação organizacional bem-sucedida.

Após seu retorno à Sutter Health, trabalhamos juntos estabelecendo os Resultados-chave da função de CCO. Sua maior prioridade era fazer com que a equipe de RH focasse atingir números mais altos de Satisfa-

SOLUCIONE

ção do Paciente em relação ao sistema de assistência médica da empresa. Sua segunda maior prioridade era combater uma percepção, comum entre muitos médicos da empresa, de que "não era fácil trabalhar com o RH". Uma das reclamações recorrentes era que os requisitos de "trabalho de rotina" associados ao RH inevitavelmente afastavam os médicos de seu trabalho de tratar os pacientes — aquilo que eles mais queriam fazer. Jill não enfrentou dificuldades em ver e receber o feedback, graças a sua abordagem de conquista dos resultados naturalmente desprovida de ego. Em uma manhã de primavera, em Sacramento, ela reuniu sua grande equipe de liderança em uma sala e passou a maior parte do dia debatendo sobre uma pergunta: "O que mais podemos fazer para que o RH seja um departamento mais fácil de lidar?" Quando a reunião chegou ao fim, Jill havia concluído uma lista de mudanças que precisavam ser feitas para que tal percepção sobre o RH fosse alterada. Um dos itens consistia em devolver para elaboração pelo próprio RH de algumas soluções de autoatendimento que aquele departamento havia anteriormente encaminhado para eles. O autoatendimento fora um grande impulso para gerar eficiência; portanto, devolver esse trabalho para o RH era um nova ideia visando facilitar as coisas para os gerentes. Devolver ao RH a tarefa de preencher os formulários de mudança de pessoal e cuidar da triagem de requisitos eram alguns dos exemplos. Conforme Jill e sua equipe seguiram na missão de facilitar o trabalho com o RH, a pergunta "O que mais podemos fazer?", estimulou e aprimorou o mindset de todo departamento. Eles acabaram ganhando reconhecimento e elogios de muitos médicos, que passaram a identificar todo o RH como uma equipe unida e comprometida em fazer com que suas vidas profissionais fossem mais "focadas no paciente". Por mais que seja justo dizer que sua intensa dedicação à satisfação do paciente culminou nesses esforços, a pergunta "O que mais podemos fazer?" foi o verdadeiro catalisador de mudanças.

De tempos em tempos, todo líder, equipe e organização enfrentam problemas irritantes que impedem recompensas de desempenho importantes. Mas perder tempo com uma postura Abaixo da Linha, cedendo a circunstâncias desafiadoras, apenas enfraquecerá seus sentidos e acabará com sua imaginação exatamente quando você mais precisar encontrar soluções criativas. Há pouco tempo, trabalhamos em parceria com a divisão de cartões de crédito de um dos maiores bancos do mundo. Os executivos seniores da divisão de cartão de crédito queriam nossa ajuda para gerar maiores níveis de accountability e ownership por todo o departamento, principalmente na linha de frente. Apresentávamos nossas metodologias tranquilamente quando um dos vice-presidentes regionais compartilhou sua imensa preocupação com o fraco desempenho e a alta taxa de rotatividade de um call center específico em sua região. Resumindo, os clientes que ligavam para o call center solicitando um cartão de crédito costumavam desligar durante longos períodos de espera e acabavam adquirindo um cartão de um concorrente. A equipe de liderança sênior calculou que cada segundo que seus clientes passavam esperando na linha gerava uma perda de US$1 milhão em lucros anuais. Com essa constatação em mente, a equipe de gerenciamento de call center estabeleceu um importante Resultado-chave: reduzir o tempo médio de resposta ao cliente em 50%, um enorme desafio para um call center que durante anos apresentou melhoras a passos de tartaruga.

As centenas de funcionários do call center prontamente concordaram com a importância de atingir tamanho objetivo, mas quando o assunto era encontrar formas de fazê-lo, eles apenas coçavam suas cabeças e esperavam que algo de bom acontecesse. Eles eram capazes de Ver, e até aceitaram Apropriar-se, mas não conseguiam enxergar o caminho para Solucionar. Não se tratava de falta de vontade; eles eram simplesmente incapazes de pôr o pensamento criativo necessário em ação para que pudessem Solucionar.

Não se trata de poder Solucionar, é uma questão de conseguir Solucionar.

Quando chegamos a essa questão, a equipe do call center aceitou o desafio e finalmente começou a pôr suas melhores ideias sobre o que poderia ser feito de forma diferente para reduzir o tempo de espera. A equipe começou a sugerir diversas soluções à medida que passaram a perguntar "O que mais podemos fazer?" com mais seriedade, o que levou a discussões mais profundas que resultaram em uma lista crescente de possibilidades. Por fim, a clássica luz no fim do túnel começou a brilhar.

Em algumas semanas todos começaram a ser treinados para que tivessem o domínio das habilidades de "satisfação imediata e completa do cliente" esperadas de funcionários atuais e novos. Um novo software de gestão de relacionamento com o cliente (CRM) foi adquirido e instalado. Eles também desenvolveram e implementaram um indicador equilibrado simples para medir e reportar o desempenho diário. A mentalidade do passo Solucione ganhou força conforme novas ideias sobre como reduzir o tempo necessário para uma chamada brotaram de todos os cantos. Até hoje, os líderes e gerentes de call center envolvidos no processo se alegram ao lembrar do dia no qual a divisão de cartão de crédito os informou que as melhorias de desempenho do call center haviam somado US$143 milhões aos lucros líquidos.

O pensamento criativo e a capacidade de solucionar os problemas de forma inovadora se espalham quando as pessoas passam a levar a sério esse terceiro passo do accountability. É nesse momento que todos começam a usar suas melhores ideias para contribuir com a causa em questão. Um líder, brincando conosco, disse: "Antes tínhamos dificuldade em extrair novas ideias. Agora temos mais do que precisamos!" É claro que nem todas as soluções são boas, mas mesmo aquelas que são ruins podem estimular o pensamento que resultará nas melhores soluções.

Você se lembra da famosa frase de Jim Lovell na missão Apollo 13? "Houston, temos um problema." Logo depois, ele descobriu que havia um vazamento de gás na espaçonave, que era, na verdade, o oxigênio do Módulo de Comando. Vemos aí o poder do Solucionar perfeitamente ilustrado. Desde o momento que a espaçonave sofreu com o terrível defeito até os três astronautas americanos pousarem em segurança na água, a equipe de suporte da NASA permaneceu encontrando soluções engenhosas para problemas que pareciam não ter solução. Em um momento crucial, quando os filtros de CO_2 no Módulo de Comando *Odyssey* falharam, ameaçando a tripulação de morte por asfixia, alguém sugeriu que os filtros defeituosos fossem trocados por aqueles projetados para o Módulo Lunar. Quando isso se mostrou inviável, pois um filtro era redondo e o outro quadrado, um dos cientistas da NASA se dedicou inteiramente a encontrar uma solução. Ele colocou sobre a mesa todos os itens que estavam à disposição dos astronautas e disse, apontando para os objetos: "Precisamos fazer com que *este* filtro se encaixe *neste* filtro usando apenas *aquilo*." Movidos por Ownership Completa diante da situação e sua missão unificada de trazer os três astronautas de volta com segurança, a equipe de suporte buscou cuidadosamente todas as soluções possíveis para superar todos os problemas que surgiam. Quando os três astronautas foram trazidos com segurança, a missão Apollo 13 ficou conhecida como a Falha Bem-Sucedida.

Princípios do Passo Solucione

Quatro princípios do passo Solucione o ajudarão a estimular o pensamento criativo necessário para alcançar os Resultados-chave:

1. Crie Espaços para Outras Pessoas Preencherem.
2. Envolva mais Mentes no Trabalho.
3. Continue Engajado, Seja Persistente, Pense de Formas Diferentes e Crie Novas Conexões.
4. Faça com que a Cultura Mantenha o Objetivo de Alcançar os Resultados-chave.

Vamos analisar esses princípios com mais atenção.

1. Crie Espaços para Outras Pessoas Preencherem

Quase todos os estudos sobre capital humano que procuraram examinar os motivos por trás da rotatividade de funcionários concluíram que a maior parte das pessoas deixa seu emprego por causa do chefe. Peça a uma pessoa que descreva o líder mais eficaz para o qual já trabalhou ao longo de sua carreira e normalmente ouvirá adjetivos como *aberto, acessível, estimulante, colaborativo, interessado, acolhedor, gentil, humilde, disponível* e *curioso*. Se então perguntar a ela sobre o pior chefe, ouvirá o oposto dessas descrições. Quase todas as habilidades ideais de liderança estão diretamente ligadas a abertura, autenticidade e humildade. Líderes modestos e despretensiosos tendem a demonstrar um alto nível de empatia e inteligência emocional. Sem ter que apelar para coação ou pressões acerca do desempenho, mediante uma abordagem de gestão que consiste em "dizer, subornar e forçar". Também não deixam que suas ambições pessoais os consumam a ponto de deixarem de ouvir ou aprender com os outros. Como ponto positivo, líderes eficazes sabem como facilitar a comunicação, promover alinhamento e fazer com que as equipes avancem. Eles sempre sabem que não possuem todas as respostas, reconhecendo que as soluções para os problemas mais difíceis virão por meio do pensamento coletivo de seu pessoal, muito além de seu próprio intelecto. Resumindo, eles pensam e agem de formas que engendram atitudes e mentalidades Acima da Linha.

Colocar o passo Solucione em prática exige do líder abertura, autenticidade e humildade. Incentivar que as pessoas perguntem "O que mais posso fazer?" sugere que o líder espera que elas forneçam as melhores respostas que puderem. Líderes arrogantes, egoístas e presunçosos costumam pensar: "O que mais posso fazer para mostrar às pessoas meu incrível poder?" Ei, olhe, um super-herói! Mas que bela capa, que homem, que mulher! Mas basta olhar novamente, e verá alguém que sucumbe facilmente à síndrome da Roupa Nova do Imperador, conquistando a admiração das pessoas apenas em palavras sem realmente conquistar suas mentes e corações.

A síndrome do super-herói normalmente surge quando os gerentes apostam na antiquada abordagem de comando e controle no trabalho, do tipo "diga a eles o que deve ser feito". Esse tipo de gerente achará particularmente desafiador colocar o passo Solucione em prática. Recentemente, em uma entrevista com um cliente, um funcionário da linha de frente nos contou o seguinte: "Meu chefe acha que os gerentes devem gerenciar e que os empregados horistas devem fazer aquilo que lhes é imposto. O problema é que a maioria dos nossos funcionários está perfeitamente satisfeita com essa estrutura. Obviamente, eles querem bons salários e benefícios, mas não estão interessados em se responsabilizar por mais nada além de exercerem suas funções da mesma forma como sempre fizeram." Esse mindset fraco e restritivo vem à tona quando o líder constantemente veste sua capa, chega em uma situação problemática, "soluciona o problema" e depois vai embora. Ironicamente, os líderes que acreditam que são capazes de desenvolver accountability agindo dessa forma acabam garantindo a extinção de accountability. "Resolver os problemas de forma criativa não é meu trabalho. O chefe fará isso por nós."

SOLUCIONE

Se você já ajudou uma criança com dificuldade em um problema de matemática difícil, sabe que, em longo prazo, não será útil acabar com o problema dizendo: "Nossa! Esse dever de casa é bem difícil. Por que não vai brincar lá fora? Eu faço a lição para você." Pais intuitivos entendem que a luta em si fomenta o crescimento e a ownership. Eles incentivam o aprendizado da criança fazendo perguntas do tipo: "Como você pode olhar para isso de outra forma? Consegue pensar em outra abordagem que possa funcionar?" Líderes eficientes fazem a mesma coisa. Eles resistem à tentação de se intrometer e Solucionar o problema sozinhos e, em vez disso, maximizam o capital humano sob sua liderança, incentivando todos a continuar se perguntando: "O que mais posso fazer?"

Durante anos, pedimos que líderes seniores de grandes e pequenas organizações descrevessem o objetivo central da liderança. Eles normalmente dizem o seguinte:

- Desenvolva uma visão.
- Execute com direcionamento estratégico.
- Faça com que as pessoas se alinhem e caminhem juntas.
- Ajude a remover os obstáculos que estão no caminho daqueles que colocam a mão na massa.

Por mais que cada uma dessas respostas faça sentido e seja importante por si só, preferimos dizer que o principal trabalho de um líder é fazer com que as pessoas pensem e ajam de maneiras que as ajudem a alcançar os Resultados-chave. Os líderes mais eficazes que conhecemos criam bastante espaço para que seu pessoal desempenhe accountability por executar aquilo que for preciso para garantir que a organização prospere neste mundo extremamente competitivo e em acelerada transformação. Eles nutrem o *pensamento* produtivo. Eles deixam claro que valorizam a criatividade e a inovação. Eles facilitam o avanço na direção necessária, estimulando que as pessoas façam coisas diferentes para alcançar os Resultados-chave.

Para que a implementação do passo Solucione tenha êxito, líderes precisam reconhecer que as melhores ideias quase sempre vêm daqueles que têm maior proximidade do trabalho de fato. A empresa Domino's é um cliente com quem trabalhamos ao longo dos anos e serve como um bom exemplo. Fundada em 1960, a Domino's Pizza se tornou mundialmente conhecida como líder mundial em entregas de pizza, operando uma rede de lojas próprias e de franquias nos Estados Unidos e no exterior. O sucesso da empresa se deve, majoritariamente, ao grupo excepcional que seus líderes reuniram para a missão de se tornar a melhor empresa de entregas de pizza do mundo. Nem sempre foi assim. Em um certo momento, Wall Street e os analistas de mercado criticaram bastante a empresa por apresentar um desempenho pífio. Para ajudar a reverter esse fraco desempenho, a Domino's contratou a Partners In Leadership para trabalhar junto de mais de seus 300 líderes mais importantes na reunião nacional de vendas da empresa.

Foi um momento difícil em sua história. Eles precisavam descobrir os motivos por trás do déficit de desempenho recente e instituir uma abordagem positiva para gerar mais accountability para que pudessem ter melhores resultados. Ninguém era capaz de competir com eles em nível internacional. Mas, em termos de mercado interno, eles estavam rapidamente perdendo participação de mercado para Pizza Hut, Little Caesars e Papa John's. Durante a reunião com os 300 líderes mais importantes da empresa, o CEO Dave Brandon fez duas observações importantes em suas considerações iniciais. Primeiro, informou ao grupo que, pela primeira vez em décadas, eles não receberiam bônus. E, depois, lhes disse que não

SOLUCIONE

poderiam continuar justificando o fraco desempenho pela perda de participação de mercado para os novos concorrentes cuja pizza era vendida por US$5. "Nós não somos a empresa de pizzas de US$5. Nossos concorrentes são o Pizza Hut e o Papa John's, *não* o Little Caesars. Somos melhores do que isso. Nossa pizza é melhor do que a deles!"

Então ele nos apresentou. Depois de explicarmos nosso método de estimular maior accountability por toda a empresa para que os resultados fossem alcançados, descemos do palco e fomos até Dave Brandon e seu vice-presidente de vendas internacionais, Pat Doyle, para uma conversa. Ouvimos enquanto Pat perguntava cuidadosamente a Dave: "Por que *não* podemos competir nesse nicho? Somos bons o suficiente para reavaliar e lutar por esse segmento se precisamos conquistar maior participação de mercado." Dave, fazendo bem em deixar seu ego de lado, respondeu educadamente: "Ok, vamos falar mais sobre isso depois."

Quando Dave finalmente aprovou a ideia, Pat começou a elaborar formas de como poderiam se infiltrar no nicho de pizza a preços mais acessíveis. Três meses depois, a Domino's lançou uma campanha em território nacional, na qual o próprio Dave Brandon defendia a pizza de US$5 da empresa. No comercial ele prometia que a Domino's não estava ajudando os ricaços de Wall Street, mas sim o cidadão comum. Ele colocou um colete usado pelos entregadores, pegou algumas pizzas, entrou em um Prius e saiu para a entrega na campanha da pizza de US$5 da Domino's. A tática foi responsável por uma enorme reviravolta na empresa.

Dave se revelou um ótimo ator, mas tudo dependia dos cozinheiros quando se tratava de fazer com que a pizza de US$5 fosse realmente boa. Eles continuaram se perguntando "O que mais posso fazer?" até que acertassem a nova receita. Alguns dos cozinheiros mais experientes haviam participado da criação da receita original anos atrás. Eles tiveram dificuldade em deixar o ego de lado e admitir que podiam fazer melhor, mas isso não os impediu de batalhar para que chegassem às melhores soluções para o problema da Domino's. Eles não agiram dessa forma por ordens do Dave. Agiram assim porque demonstraram accountability pelos Resultados-chave da empresa.

Como parte de seu esforço incessante para Solucionar o problema, a Domino's, logo depois, lançou uma nova campanha publicitária que romperia com as regras do marketing tradicional. Em um novo comercial, clientes reais apareciam reclamando que a pizza da Domino's "tinha gosto de papelão". Os líderes seniores da Domino's também apareciam no comercial concordando com essa opinião e admitindo que precisavam torná-la mais saborosa. "Nós entendemos você. Traremos algo melhor. Se você não gostar, receberá seu dinheiro de volta." Uau! É isso que chamamos de custo-benefício!

A humilde abordagem da Domino's diante do problema, o reconhecimento de que a empresa havia ignorado por muito tempo aquilo que seus clientes tinham a dizer e a disposição para mudar a receita que havia contribuído para o sucesso da empresa anteriormente levou a lucros gigantes. A Domino's então seguiu em sua reviravolta, considerada a mais significativa da história do segmento de fast-food. Por oito anos, entre 2010 e 2018, o valor das ações da Domino's passou de US$3 para quase US$300 por ação, ultrapassando até a Netflix, Tesla e Amazon em termos de desempenho no mesmo período. A cultura e os resultados Acima da Linha da empresa têm prosperado.

2. Envolva mais Mentes no Trabalho

Perguntar-se repetidamente "O que mais posso fazer?" ajuda a estimular os mais altos níveis de envolvimento que foram recomendados no Capítulo 4. Isso reforça a ownership entre aqueles que já estão envolvidos e convoca aqueles que estão alheios a essa postura. Quando isso acontece, começa a ser instaurada uma Cultura de Accountability.

Podemos olhar para a Pixar como um ótimo case. Ed Catmull, cofundador da Pixar Animation Studios e presidente da Pixar Animation e Disney Animation, disse uma vez em uma entrevista: "Na Pixar, acreditamos fortemente que os cineastas devem desenvolver as ideias pelas quais têm paixão. Isso pode soar banal, mas, na verdade, os grandes estúdios de Hollywood têm departamentos inteiros dedicados à compra e ao desenvolvimento de projetos que só depois serão destinados a um diretor que será contratado. Na Pixar é feito o oposto, nunca compramos ideias de fontes externas. Em vez disso, incentivamos nossa equipe a desenvolver suas ideias do zero e fornecemos a eles os recursos e, o mais importante, feedback honesto, que são necessários para transformar os primeiros esboços de uma história em um filme realmente fascinante."

Ao valorizar o comportamento característico do passo Solucione, a Pixar produziu uma extraordinária série de filmes de sucesso. A equipe da Pixar soluciona o problema enfrentado por todo cineasta: a demanda por novas ideias que agradem ao público. E, o mais importante, permite que os criadores das melhores ideias possam acompanhá-las até sua conclusão. Adoramos a história da Pixar porque ela ilustra uma compreensão do desejo básico do ser humano de criar coisas. Esse desejo está entranhado nos seres humanos. Queremos criar ou aprimorar coisas.

Buscamos desenvolver uma carreira, criar um lar, começar e construir uma família. Nós nos envolvemos na criação e na melhoria da vida ao redor. Líderes que incentivam todos da empresa a solucionarem e melhorarem tudo aquilo que nos cerca aproveitam os benefícios do desejo natural de sua equipe de agregar valor ao mundo.

Acreditamos que Catmull concordaria. Ele disse uma vez: "O Braintrust, um grupo composto de pessoas inteligentes e apaixonadas, organiza reuniões com um intervalo de poucos meses para que possam avaliar cada filme em produção. Eles ajudam a identificar e solucionar os problemas que possam estar prejudicando o filme, sem determinar um diagnóstico exato, mas apontando cada falha que houver e sugerindo várias correções. Cabe salientar que após uma reunião do Braintrust, cabe ao diretor decidir como precisamente resolver os problemas. O Braintrust auxilia apenas a ressaltar os erros de lógica ou foco. Mas isso só funciona se você criar e zelar por uma cultura de honestidade na empresa, na qual qualquer um possa se comunicar com outra pessoa sem temer represálias."

Sob essa ótica, a Partners In Leadership desenvolveu um aplicativo de crowdsourcing chamado Propeller [conteúdo em inglês] que ajuda nossos clientes a conversarem virtualmente sobre os tópicos mais importantes para sua organização. Ele permite que líderes façam perguntas a um grande grupo formado por funcionários, convidando todos a proporem soluções, debaterem ideias e votarem nas melhores ideias. Quando, por exemplo, um líder coloca uma pergunta sobre formas de reduzir a estrutura de custos da organização, essa pergunta pode, em algumas horas, impulsionar centenas ou até milhares de pessoas a postarem ideias e comentários. Conforme o desenrolar do processo, a melhor ideia alcançará o topo da lista.

Com o questionamento virtual do passo Solucione, os líderes também promovem conversas com os millennials em um canal de comunicação que essa geração adora. Ah, e tem um efeito colateral incrível: os líderes que fazem uso desses tipos de ferramentas reduzem drasticamente a necessidade de reuniões presenciais, economizando o enorme tempo gasto em uma atividade que a maioria das pessoas tem pavor.

3. Continue Engajado, Seja Persistente, Pense de Formas Diferentes e Crie Conexões

Todos os caminhos que levam aos Resultados-chave passam por diversos obstáculos e desvios ao longo do percurso. Gostaríamos de dar algumas dicas de como superar esses obstáculos inevitáveis:

Continue Engajado. Quando um problema persiste, muitas vezes as pessoas se sentem tentadas a desistir, passando a ter uma postura Abaixo da Linha na esperança de que as coisas melhorem por conta própria. Quando aplicar o passo Solucione, evite cair nessa armadilha permanecendo engajado na busca por soluções e desempenhando total accountability por chegar naquelas que, por fim, levarão a alcançar os resultados desejados. Essas soluções normalmente surgem apenas quando você toma a iniciativa de explorar, pesquisar e questionar, mesmo quando achar que fez tudo o que podia. Entenda que nem todos compartilham do mesmo nível de ownership ou vontade de atingir uma meta, então você mesmo deve tomar a iniciativa. Você prefere ser alguém que vê as coisas acontecerem, alguém que se questiona sobre o que pode ter acontecido, alguém que nunca soube de nada que aconteceu, ou alguém que *faz* as coisas acontecerem?

Seja Persistente. Você deve fazer a pergunta do passo Solucione constantemente: "O que mais posso fazer?" Repetir faz com que o questionamento seja um hábito natural. Isso lhe permite continuar desenvolvendo as soluções criativas que impulsionam o progresso. Como um líder capacitado e inventivo nos disse uma vez: "Se insistirmos em fazer algo, fazê-lo se torna uma tarefa mais fácil; a natureza da coisa em questão não se altera, mas o nosso poder de *fazê-lo* aumenta."

Pense de Forma Diferente. Albert Einstein uma vez disse: "Os problemas significativos que enfrentamos não podem ser resolvidos no mesmo nível de pensamento em que estávamos quando os criamos." Em outras palavras, o mesmo pensamento que o levou até um problema não o salvará dele. Sempre solicite e se esforce para entender um amplo espectro de perspectivas distintas, mesmo que sejam completamente opostas. Nunca deposite seu foco naquilo que não pode ser feito ou que não pode controlar. Continue buscando. Lembre-se de que buscar "o que mais" se pode fazer geralmente significa procurar algo diferente.

Crie Conexões. Muitas soluções exigem abordagens inovadoras que exploram formas de pensar em um problema com as quais você pode não estar habituado. Você pode aproveitar novas perspectivas estabelecendo relacionamentos com pessoas que talvez antes não considerasse boas fontes de ideias. Essas relações podem incluir concorrentes, fornecedores e vendedores ou alguém de outro departamento da empresa. Tom Smith e Craig Hickman nos lembram que, quando estavam escrevendo O *Princípio de Oz*, tiveram dificuldade de encontrar um título para o livro. Seu agente literário, Michael Snell, saiu para jantar com sua esposa, Pat, e perguntou a ela o que lhe vinha à mente quando pensava no mindset de vitimização daqueles que vivem, agem e trabalham Abaixo da Linha e aqueles que colocam em prática os Passos para o Accountability. Ela disse imediatamente: "Ah, é como a Dorothy e seus amigos na Estrada de Tijolos Amarelos!" No dia seguinte, Michael ligou para Tom e Craig para saber o que eles poderiam fazer com a ideia do Mágico de Oz. Na hora fez sentido! O primeiro pensamento deles foi que metade da força corporativa dos EUA estava indo atrás do Mágico, ou seja, estava procurando externamente, fora de si, alguém ou algo que lhes desse as respostas das quais precisavam para superar seus problemas. Eles, assim como Dorothy e seus amigos, foram atrás do Mágico! Depois de aprofundar a ideia, eles chegaram ao nome do livro: *O Princípio de Oz*.

4. Faça com que a Cultura Mantenha o Objetivo de Alcançar os Resultados-chave.

O desenvolvimento de uma Cultura de Accountability, na qual todos se responsabilizam por pensar e agir da forma necessária, é o que mais impulsiona uma organização a alcançar os Resultados-chave. Isso é tão importante que Tom publicou um livro inteiro sobre o assunto: *Mude a Cultura de sua Empresa e Vença o Jogo!* Você deve se lembrar que afirmamos no Capítulo 1 que, quando as pessoas usam abordagens e linguagens comuns, o accountability se espalha e é adotado pela organização. Mostraremos no Capítulo 9 como construir e nutrir uma Cultura Acima da Linha, mas, por enquanto, lembre-se de que será necessário mais do que um grande líder e algumas pessoas capazes de solucionar problemas brilhantemente para fazer com que uma boa empresa se torne ótima.

Nosso Estudo sobre Accountability no Ambiente de Trabalho sugere que, quando se trata do hábito de perguntar "O que mais posso fazer?", a maior parte das equipes se atribui uma nota 5,5 em uma escala de 10 pontos. Ao perguntarmos o motivo, as pessoas respondem de algumas formas diferentes. Alguns sugerem: "Simplesmente não temos tempo de fazer tudo isso sempre que uma bomba explode." Nossa experiência faria com que argumentemos de acordo com nossas observações: aqueles que dedicam tempo para Solucionar acabam soterrados por uma avalanche de problemas. Ironicamente, algumas pessoas interpretam a pergunta do passo Solucione como "O que posso fazer *a mais*?", que não é a mesma coisa que "O que *mais* posso fazer?" Existe uma enorme diferença entre as duas coisas. "A mais" pode significar "mais do mesmo". Não se trata apenas de fazer mais! "Mais", somente, sugere pensar em algo novo, diferente. "A mais" normalmente flerta com o fracasso; "mais" estimula um novo pensamento criativo que leva ao sucesso.

Muitos estudantes de história dos negócios consideram admirável a forma com a qual a Toyota mudou todo o universo de produção fabril com sua interpretação da pergunta do passo Solucione. De acordo com um artigo da revista *Fortune*, "a Toyota é uma empresa de grande porte, notoriamente conservadora e extremamente bem-sucedida. Por que mudar o que está bom? Na verdade, a empresa, descrita no relatório *A Máquina que Mudou o Mundo*, do Instituto de Tecnologia de Massachusetts, como a montadora mais eficiente de todas, está repensando quase todos seus processos. Transformando a angustiante crise econômica que persiste no Japão em uma oportunidade, a Toyota está reorganizando suas operações, implementando em suas fábricas ainda mais tecnologia de ponta e reformulando seu lendário sistema de 'produção enxuta'. Mesmo que algumas medidas não vinguem, a Toyota provavelmente surgirá como uma concorrente global ainda mais forte". Quando os lucros diminuem, sem se desesperar, a empresa continua incentivando todos os seus funcionários a buscarem novas soluções. Como um excelente exemplo de uma empresa que exerce o passo Solucione, a Toyota cresce diante de desafios, sempre buscando formas de melhorar em suas ações e mantendo todos os setores ágeis e flexíveis. Donald N. Smith, especialista em produção na escola de engenharia da Universidade de Michigan, que acompanha o trabalho da Toyota há muito tempo, alerta os concorrentes da empresa a ficarem atentos, pois a companhia já demonstrou sua capacidade de se aprimorar continuamente com uma Cultura de Solucionar que se mantém sempre ativa e inabalável, provavelmente o que garantirá seu destaque por anos.

Desempenhando o Accountability da Forma Certa: Solucionar Algo Perguntando: "O que Mais Posso Fazer?"

1. Um de nossos clientes do ramo de varejo precisava descobrir como vender novos produtos de forma mais rápida. Reunimos todos os 400 líderes da empresa em uma sala e os dividimos em grupos de cinco. Então, pedimos que cada grupo apresentasse em dez minutos o maior número possível de soluções para o problema. Passamos para eles apenas duas regras: a solução não pode exigir mais verba ou recursos e não pode depender da aprovação de superiores de alto nível hierárquico da empresa. Dez minutos depois, cada grupo produziu, em média, 17 soluções. Em seguida, pedimos a cada grupo que identificassem suas duas soluções principais. Quatro meses depois, eles já haviam gerado US$4 milhões em receita como resultado dessas soluções.

2. Cada vez mais as empresas de assistência médica estão formando equipes de nível sênior que se dedicam a questionar: "O que mais podemos fazer para posicionar estrategicamente nossa organização visando crescer no futuro?" O objetivo dessas equipes consiste essencialmente em pensar de forma inovadora sobre como prestam atendimento aos consumidores nos próximos anos.

3. Muitas equipes de empresas que temos como clientes começaram a usar os exercícios virtuais voltados ao passo Solucione como uma forma de repensar e redefinir o tempo gasto em reuniões. Quantos não gostariam de recuperar algumas horas de trabalho? Marque em seu calendário uma reunião de 60 minutos e, em vez de se reunirem, peça a todos os envolvidos que, por 15 minutos, façam um exercício virtual relacionado ao passo Solucione, a fim de poderem desenvolver soluções criativas para um problema da organização. Além de agregarem soluções rápidas e de fácil compreensão, todos terão 45 minutos de volta em seus cronogramas! Faça o download do aplicativo Propeller [conteúdo em inglês] para acessar os exercícios do passo Solucionar virtualmente.

4. Alguns de nossos clientes desenvolveram competições e prêmios relevantes envolvendo as melhores ideias para mudar a situação dos Resultados-chave. Um cliente do ramo de energia criou um Mural da Fama para destacar as "Soluções Acima da Linha" implementadas na empresa fornecidas pelos funcionários da linha de frente.

Capítulo Seis

FAÇA

Colocando em Prática o Ímpeto de Fazer Aquilo que Vê, Apropria-se e Soluciona

Ao final da reunião de liderança de sexta-feira, o CEO de uma grande empresa fabricante de fios e cabos pediu a seu Vice-presidente de operações [VPO] que reunisse as estatísticas de vendas mais recentes da empresa. Quando as cadeiras se afastaram da mesa e os líderes começaram a sair da sala, o CEO percebeu que não havia esclarecido *quando* precisaria dos dados. Ele pediu ao VPO que esperasse um minuto.

"Só por curiosidade, para quando você acha que eu preciso dessas informações sobre as vendas?"

O VPO então respondeu: "Vou deixar meu projeto de análise de horas extras de lado e começarei a trabalhar nesses dados agora mesmo."

"Desculpe, eu não fui claro. Não vou precisar disso até a próxima quinta-feira. Continue na análise de horas extras. É importante."

"Entendi, obrigado."

Mais tarde, o CEO lembrou a si mesmo que precisava ser perfeitamente claro sobre os prazos ao solicitar que alguém fizesse alguma coisa. Caso contrário, ele poderia acidentalmente fazer com que alguém se desviasse do caminho que levaria aos Resultados-chave. Independentemente da tarefa, você deve sempre fazer a pergunta do passo Faça:

Quem fará o que e quando será feito?

Ao final de uma reunião, você já se perguntou exatamente o que deveria fazer e quando deveria ser feito? Isso acontece demais, especialmente quando a pessoa que faz o pedido *não deixa claro* a importância ou a urgência da tarefa. Quando um líder sênior solicita que algo seja feito, a tendência é que as pessoas considerem o pedido prioridade máxima, por mais que fazê-lo possa desviar seu foco daquilo que realmente precisam fazer para progredir naquilo que é de extrema importância para a organização. O questionamento "Quem fará o que e quando será feito?" ajuda a esclarecer as prioridades, afastando qualquer confusão e suposições equivocadas acerca de tarefas importantes. Se não for capaz de responder a essa pergunta do passo Faça, você, na verdade, não tem um plano ou direcionamento a seguir.

Determine se você se encaixa nesse "quem".

FAÇA

Para entender esse princípio, observe o exemplo a seguir que tivemos o privilégio de testemunhar de perto. Todas as linhas de produção da empresa trabalhavam em ritmo acelerado para suprir a enorme demanda global. Erros de fabricação em qualquer linha de produção não eram aceitáveis, uma vez que os produtos de diagnóstico da empresa eram responsáveis por salvar vidas diariamente. Um dos gerentes da linha de produção da empresa contribuiu para a conquista de uma inovação revolucionária que levou a uma economia de milhões de dólares conforme avançou do passo Solucionar para o Fazer da seguinte forma.

Esse gerente em particular chegava todos os dias às 7h30 com uma coisa em mente: garantir que tudo funcionasse perfeitamente na linha de produção, sem interrupções, para que pudessem fabricar os produtos de diagnósticos de maior qualidade do mercado. No dia que marcou o início de sua jornada inovadora, ele deu início a uma reunião com os outros gerentes de linha de produção da fábrica às 8h. Ele observou a sala lotada, procurando um lugar vazio na grande mesa em que seus colegas conferiam e-mails ou conversavam sobre seus planos para o fim de semana. Ele foi o último a entrar na sala antes da chegada da CEO.

Quando a CEO entrou na sala, algo que não acontecia com frequência, todos desligaram seus telefones, cessaram as conversas e a observaram atentamente. Todos estavam um tanto quanto apreensivos com essa reunião de liderança com a presença da CEO que havia sido agendada às pressas. Não parecia nada bom.

Obviamente, a CEO foi direto ao ponto. "Temos um problema de desperdício de tempo e de materiais que está afetando nosso orçamento. Temos que controlar os custos para manter nossos produtos de acordo com o preço de mercado. Se não fizermos isso, perderemos clientes. Serei mais específica. Durante os próximos 18 meses, precisaremos reduzir os gastos com desperdício em US$5 milhões."

Por já terem se acostumado com a prática dos Passos do Accountability, a equipe de produção rapidamente passou a Ver o problema perguntando: "Qual é a realidade do problema de desperdício?"

Após um grande debate, o VP de operações resumiu a situação: "Bem, já tentamos todas as alternativas fáceis e óbvias. Já simplificamos nosso processo atual e reduzimos o desperdício ao máximo." Seus colegas concordaram. Então alguém perguntou até que ponto ia a ownership da equipe quanto ao problema. O controller de fábrica levantou sua mão. "Acredito que temos um alto nível de ownership. Concordamos que precisamos reduzir ainda mais os desperdícios na fábrica e estamos trabalhando em como fazer isso. Na verdade, já avançamos bastante nessa questão."

Então, foi a vez do gerente da linha de produção, que havia entrado na sala pouco antes da CEO, falar. "Isso nos leva à próxima grande pergunta. O que mais podemos fazer para Solucionar o problema? Tenho passado noites em claro pensando nisso e ontem cheguei à conclusão de algo bem radical. E se mudarmos de fato nosso processo? Sabem aquelas esferas de vidro que usamos na Fase Quatro do processo de fabricação? Sempre que iniciamos uma nova leva as substituímos por novas. E se descobríssemos uma forma de lavá-las e esterilizá-las para reúso? Pouparíamos centenas de milhares de dólares que no momento gastamos em esferas novas."

Essa ideia gerou uma discussão acalorada. Por mais que todos tivessem achado a sugestão interessante, decidiram que era muito arriscado. Eles acharam que era melhor manter um processo comprovadamente eficiente do que inventar moda e provavelmente acabar com um problema ainda maior.

O VP de controle de qualidade expôs resumidamente a decisão comum a todos. "Não sou contra correr riscos, mas, nesse caso, simplesmente não faz sentido."

A CEO adiou a reunião sem designar tarefas específicas. "Continuem pensando. Se não resolvermos esse problema de desperdício, no ano que vem estaremos todos atualizando nossos currículos."

Quando o gerente da linha de produção que havia feito a sugestão radical voltou à sua posição, começou a se sentir cada vez mais frustrado com a reunião. Ele se questionou: *Desde quando a equipe de liderança da empresa se tornou tão medrosa? Se não corrermos riscos, não conquistaremos aquilo que é necessário.* Ao sentar-se à sua mesa, tentando controlar sua frustração, ele olhou para o modelo de Passos do Accountability colado na sua parede. O passo Faça saltou-lhe aos olhos como se iluminado por um farol. *Caramba! Nunca chegamos ao passo Faça. E além do mais, temos uma possível solução. Por que não seguir em frente e Fazer o que sugeri?*

Com um lápis afiado e um bloco de anotações em mãos, o gerente da linha de produção começou a esboçar um sistema capaz de lavar e esterilizar as esferas para que pudessem ser reutilizadas na produção. O desenho rapidamente começou a se parecer com um emaranhado de fios, mas estava tudo muito claro em sua mente. Na manhã de segunda-feira, depois de um fim de semana de ansiedade, ele chegou duas horas mais cedo no escritório e começou a montar uma pequena linha de teste usando esferas usadas em outras levas.

Com a ajuda de alguns operadores de linha, ele lavou e esterilizou cuidadosamente as esferas usadas e, então, tentou reutilizá-las. Os resultados pareceram promissores. Nos dias seguintes, eles conduziram testes adicionais que forneceram dados positivos suficientes para analisarem o novo processo com mais precisão. Surpreendentemente, o processo que desenvolveram funcionou ainda melhor do que o antigo. De alguma forma, a fabricação de um produto com esferas renovadas conseguiu ser feita de forma ainda mais rápida do que com esferas novas. Foi uma clássica situação onde todos saem ganhando. A limpeza das esferas não apenas economizaria centenas de milhares de dólares por ano, mas agilizar o processo de produção também reduziria o tempo necessário de produção total.

Depois de mostrar sua análise à CEO, ela convocou outra reunião de liderança, na qual o gerente da linha de produção pôde apresentar suas descobertas e conselhos. A votação foi unânime. A CEO oficializou a aprovação. "Aplicaremos gradualmente o processo em todas as linhas de produção da fábrica." Em um ano, a empresa aumentou sua produção de itens de diagnóstico médico de perfeita qualidade em todas as linhas de produção, reduzindo muito mais do que a meta de US$5 milhões de corte de custos.

O que capacitou o gerente da linha de produção a colocar o passo Faça em prática?

- Ele provou ter coragem de fazer algo, apesar das chances de fracassar. E estava disposto a fracassar para que pudesse realmente descobrir se havia encontrado uma solução para o problema de desperdício. Muitas vezes, constata-se que quanto mais rápido o fracasso, mais rápido virá o sucesso. A maioria de nós não chega à ideia perfeita de imediato. Normalmente, as melhores ideias são resultado de inúmeras tentativas. Às vezes, o sucesso virá na quinta tentativa.

- Ele internalizou os Passos do Accountability e sabia que não seria o fim do jogo. Ele se recusou a voltar a ter um desempenho Abaixo da Linha logo depois de ter encontrado uma solução viável. Sabendo que não seria demitido pela CEO por não conseguir uma nova ideia, ele aceitou os riscos e começou a Fazer. Lembra-se do que foi dito sobre accountability individual e compartilhada? Não é que o trabalho tenha aumentado, trata-se de desempenhar accountability por algo maior do que nossos empregos — a conquista dos Resultados-chave!
- Às vezes, é preciso que uma equipe inteira faça isso acontecer; às vezes, tudo de que se precisa é apenas uma pessoa que não desistirá até que encontre uma solução e a coloque em prática, apesar dos riscos. Empresas e equipes alcançam resultados somente quando vão em frente e Fazem!

Princípios do Passo Faça

Indivíduos, equipes e organizações como um todo acabam deslizando Abaixo da Linha quando não conseguem executar todas as quatro etapas: Veja, Aproprie-se, Solucione e Faça. Infelizmente, muitos indivíduos, equipes e organizações conseguem Solucionar perfeitamente, porém não são capazes de Fazer. Não importa quão incrível tenha sido sua jornada pelos três primeiros passos, Veja, Aproprie-se e Solucione, eles não servem para nada, a menos que use-os para Fazer. O valor da criação de ideias se manifesta no "fazer".

Estes quatro Princípios de Faça o ajudarão a dar o passo final:

1. Aprenda com as Tentativas Fracassadas de Fazer.

2. Assuma que Só Fazendo se Desempenha Total Accountability.
3. Use a Pergunta do Passo Faça em Todas as Reuniões.
4. Nunca Desista até Alcançar os Resultados-chave.

Vamos explorá-los atentamente.

1. Aprenda com as Tentativas Fracassadas

A maioria das pessoas que não consegue Fazer enfrenta dificuldades ao resistirem à força que a puxa para Abaixo da Linha, onde se entrega à vitimização e desperdiça tempo, energia e recursos valiosos. Aprendemos com nossa experiência que se entregar a esse pensamento é consequência de uma resistência natural a assumir os riscos relacionados a colocar ações decisivas em prática. "E se falharmos?" O medo de fracassar pode paralisar as pessoas. Obviamente, os riscos de seguir em frente e cometer erros existem, mas ficar parado ou deixar as coisas como estão também oferece riscos.

As pessoas tendem a voltar para Abaixo da Linha por dois motivos principais quando se trata de colocar as soluções em prática:

- Relutância em assumir os riscos associados à ação.
- Incapacidade de manter a disciplina necessária para seguir em frente quando as coisas ficam difíceis.

Você deve estar disposto a Fazer e deve comprometer-se com isso independentemente de quantos obstáculos surjam no caminho. Observe o exemplo de Christy. Às 5h, quando o despertador toca, ela abre seus olhos e percebe que tem no máximo uma hora para tirar o mais velho de seus cinco filhos da cama e fazer com que ele saia de casa a tempo. Ela está com tanto sono e se sente tão confortável enrolada no cobertor quente em sua cama, então vira para o outro lado e aperta a função soneca silenciando o despertador. Mas ela sabe que precisa se levantar e é isso o que faz. Se ela não fizer isso, não poderá correr por 8km antes que o caos de crianças, banhos, cafés da manhã, sapatos, mochilas e ônibus escolares comece. Por que ela faz isso? Porque ela sabe que precisa manter a forma, por si mesma e pela sua família.

Agora, observe sua vizinha, Cindy, que também tem cinco filhos. Cindy também vira para o outro lado e desliga o despertador, mas volta a dormir. Poucos minutos depois, ela abre seus olhos. Ela relembra os Passos do Accountability mentalmente:

Veja: "Sei que preciso colocar meu tênis de corrida e correr um pouco antes de acordar as crianças. Se eu não mantiver a forma não conseguirei acompanhá-los."

Aproprie-se: "Ninguém pode fazer isso por mim."

Solucione: "Vou ativar a função soneca mais uma vez para poder dormir por mais cinco minutos e então posso levantar."

Faça: "Dez minutos já se passaram, então só preciso correr mais amanhã para compensar."

Cindy permanece na cama por mais uma hora e, ao se levantar, não se sente nem um pouco mais descansada para enfrentar o dia agitado. Ela não conseguiu o resultado que queria. Ela não foi capaz de entender que o accountability acontece somente quando você realmente *segue* o passo Faça colocando-o em prática.

PROPULSOR

Isso acontece a todo momento com equipes e organizações por toda parte. As pessoas ficam nas arquibancadas como expectadores, com plena consciência dos problemas que os jogadores em campo devem enfrentar para conseguir os resultados (Veja), inteiramente dedicados à necessidade de participar completamente do esforço (Aproprie-se), determinados a descobrirem a melhor forma de fazê-lo (Solucione), mas acabam nunca realmente entrando em campo (Faça). Olá, postura Abaixo da Linha; adeus, Resultado-chave.

Uma das maiores empresas varejistas de óculos do mundo, nossa cliente de longa data, serve como exemplo. Alguns anos atrás, a empresa havia progredido brilhantemente em tornar os Resultados-chave para o próximo ano claros para todos os níveis da organização. Sua estratégia consistia em aumentar a receita com exames oftalmológicos feitos em loja. As consultas feitas na loja eram, no máximo, inconsistentes. Um optometrista normalmente atende três pacientes seguidos e, então, espera algumas horas até que o próximo chegue. Quando líderes seniores da empresa investigaram esse problema por meio de grupos de foco e avaliações, descobriram um problema básico. Ao que tudo indicava, os colaboradores de vendas da linha de frente se dedicavam quase exclusivamente à venda de óculos. Poucos consideraram que os pacientes deveriam realizar exames oftalmológicos antes de comprar um par de óculos. A solução parecia óbvia. Faça com que o papel da equipe de vendas passe de "Meu trabalho é vender óculos" para "Meu trabalho é zelar pela saúde dos olhos de todos os clientes". Essa simples mudança na definição da função tinha um verdadeiro potencial de gerar os resultados que buscavam. Com três semanas de implementação da campanha, um líder de campo sênior recebeu uma mensagem de voz do gerente de uma das lojas na Califórnia: "Um de nossos vendedores chegou ao trabalho essa manhã e percebeu que o calendário de exames oftalmológicos estava vazio. Ele se perguntou o que mais poderia fazer para reverter a situação, então começou a dar uma olhada em nossos arquivos para encontrar pessoas que tinham faltado às consultas oftalmológicas durante o ano passado. Começou a ligar para elas. Ele falou com uma mulher e ela disse que, na verdade, poderia ir até a loja naquela tarde e que também levaria seus filhos para que pudessem se consultar. Essa família acabou gastando em nossa loja quase US$3 mil em exames e produtos. Fechamos nosso comparativo de vendas hoje com dezessete pontos a mais — algo excepcional." Quando transmitido para toda a organização, isso pode se tornar o que chamamos de "Signature Story" [uma narrativa autêntica e envolvente]. Ela mostrou a todos que os resultados poderiam ser alcançados se algo fosse feito. Nas Culturas Acima da Linha, as pessoas levam essas lições a sério e sempre buscam mais sobre a realidade das coisas olhando à sua volta, consideram aquilo que precisa ser feito e tomam atitudes imediatas para conquistar os resultados necessários. Falaremos mais sobre isso no Capítulo 9.

No final, aprender com as tentativas fracassadas significa ajudar você mesmo e outras pessoas a Fazer. Não basta se dedicar a Ver, Apropriar-se e Solucionar um problema sem que se tome as atitudes necessárias para realizar aquilo que precisa ser feito para que o resultado desejado seja alcançado. Da mesma forma que uma linha tênue separa o comportamento necessário para conquistar os Resultados-chave do jogo de acusações, uma linha ainda mais fina separa as boas empresas das excelentes empresas: a fronteira entre Solucionar e Fazer.

2. Assuma que Só Fazendo se Desempenha Total Accountability

Durante nosso trabalho junto à Redstone Federal Credit Union (RFCU) em Huntsville, no Alabama, deparamo-nos com um grande exemplo da necessidade de demonstrar total accountability. Os líderes da empresa não estavam dispostos a se contentar com bons ou até ótimos desempenhos, eles pretendiam tornar a RFCU a melhor empresa do setor. Com 24 filiais e 830 funcionários, a RFCU acumulou um incrível histórico ao longo dos anos, nunca deixando de atingir suas metas. Teoricamente, tudo parecia perfeitamente saudável:

- Patrimônio Líquido? *Muito acima do nível necessário para uma cooperativa de crédito bem capitalizada: Ok.*
- Crescimento de assinaturas? *Uma média de 900 novos membros por mês durante quase 7 anos: Ok.*
- Satisfação dos empregados? *Rotatividade de funcionários equivalente a metade da média característica do setor: Ok.*

Por que então a empresa mudaria sua fórmula de sucesso? Porque os líderes da RFCU queriam resultados ainda melhores. Com a consciência de que mesmo um problema pequeno e aparentemente insignificante poderia virar um problema maior, eles decidiram transformar até os menores obstáculos em oportunidades de crescimento. Uma grande pesquisa interna trouxe duas importantes conclusões: (1) muitos setores da empresa funcionavam em silos, com pouca ou até mesmo nenhuma interação entre os principais departamentos; e (2) os membros da equipe de liderança não estavam perfeitamente alinhados com a missão da empresa.

FAÇA

A equipe de liderança sênior da RFCU, liderada pelo CEO Joe Newberry, decidiu criar uma Cultura de Accountability corporativa, usando a abordagem que poderá ser encontrada no Capítulo 9 deste livro (e em nosso livro *Mude a Cultura de Sua Empresa e Vença o Jogo!*). Desenvolver tal cultura significava fazer com que todos os funcionários, desde o CEO até a equipe em geral, demonstrassem accountability pensando e agindo da forma necessária para chegar aos resultados. Nesse momento, a RFCU, depois do trabalho de desenvolvimento de accountability organizacional junto da Partners In Leadership, chamou a PIL para ajudá-los em sua transição cultural, resultando em um momento decisivo que entrou para a história da organização. Uma série de workshops, liderados por importantes executivos da RFCU, deu conta de instaurar os Passos do Accountability, fazendo com que toda a empresa adotasse um compromisso de alcançar o status máximo em seu segmento. Para transmitir a ideia desse compromisso de forma clara e tangível, eles recolheram todas as queixas e reclamações em relação à organização e as escreveram em um grande papel em forma de machado. E, então, enterraram o machado. Literalmente.

Dentro de seis meses, a cultura da RFCU, que já era muito boa, tornou-se ainda melhor. A comunicação multifuncional para certificar-se de que todos fossem capazes de Ver os problemas se tornou uma prática cultural diária, e todos os líderes e gerentes se alinharam com a missão da empresa para se tornarem os melhores do ramo. O feedback dado nessas trocas multifuncionais levou a uma série de ações que aceleraram o desempenho de alto nível por toda a empresa. Nada disso, obviamente, teria muito valor a menos que gerasse resultados; e foi isso o que aconteceu. Todas as áreas nas quais o sucesso era medido com as qualificações "mínimo, objetivo ou máximo", começaram a obter a classificação "máximo". Os benefícios financeiros dos clientes da RFCU, considerado o indicador mais importante, aumentaram drasticamente à medida que a Cultura do

Accountability se instaurou e prosperou em todos os níveis da organização. Fizemos uma breve lista do impressionante impacto financeiro de três anos de trabalho desde antes até depois da implementação da cultura aplicando o passo Faça:

- Aumento anual de 55% nas receitas com taxas e tarifas.
- Aumento de 1.052% em empréstimos.
- Aumento de 1.179% na média anual de retorno dos membros (exceto dividendos).
- Aumento de 7.251% na média anual de reembolso promocionais concedidos aos membros.
- US$33.791.007 acumulados em recompensas destinadas aos membros, entre dividendos, reembolsos promocionais, brindes, redução de taxas, menores taxas de empréstimo e assim por diante.

3. Use a Pergunta do Passo Faça em Todas as Reuniões

A situação a seguir que descreve a equipe de Gerald lhe parece familiar? Em uma manhã de terça-feira como todas as outras, às 9h30, a equipe de Gerald se reunia para uma reunião de produção semanal. Como líder, Gerald passou seis anos franzindo sua sobrancelha e falando em tom estridente, quase gritando, sempre que sua equipe não conseguia atingir as metas. Este é um daqueles dias que beiram a gritaria.

Gerald falava bem alto sobre descontentamento. "Certo, pessoal, temos um grande problema! Peço desculpas por não ter enviado a pauta mais cedo, mas estava sobrecarregado tentando correr atrás da papelada e resolvendo pepinos por todos os cantos." Ele dá uma olhada pela sala.

"Está faltando alguém. Rick! Onde está o Rick? Alguém sabe onde Rick está?"

Todos riram de nervoso, pois Rick estava *sempre* atrasado.

"Não podemos esperar! Agora, vamos falar sobre a produção da semana passada. Foi um desastre! Um *completo desastre*. Joe, passe os números."

Joe começa a apresentar slides. "Temos 84 slides. No primeiro slide..."

Cinco minutos depois, Joe ainda estava falando, sem perceber que o rosto de Gerald estava vermelho e todos na sala estavam mexendo em seus telefones ou roncando levemente.

Depois de 20 minutos, sua impiedosa série de gráficos chegou ao fim.

Gerald lhe lançou um olhar furioso. "Obrigado por todos esses detalhes, Joe. Então, alguma pergunta, pessoal?"

Todos ficaram em silêncio.

Gerald olhou para seu relógio. "Nossa, 60 minutos. Ok. Nosso tempo acabou! Vamos falar mais sobre isso na semana que vem. Agora, vamos voltar ao trabalho. Dediquem-se mais ao trabalho! Façam acontecer!"

Você já participou de uma reunião como a de Gerald, na qual se fala muito, mas não se diz nada? Você não adora essas reuniões? Provavelmente não. Ao longo do tempo, reuniões improdutivas renderam mais reclamações do que qualquer outro aspecto da vida corporativa. É preciso aumentar a produção? Vamos fazer uma reunião. As vendas do primeiro trimestre ficaram abaixo do esperado? Nossa próxima reunião dará conta disso. Quer que a cafeteria tenha mais produtos saudáveis? Coloque na pauta da reunião. Reuniões, reuniões e mais reuniões, e nem um minuto de sobra.

Chamamos isso de "fadiga de reunião". Seja pessoalmente, por teleconferência ou em uma mesa de jantar, às vezes parece que a vida profissional se tornou uma série interminável de reuniões nas quais talvez 10% da pauta o ajude a chegar mais perto de obter os resultados necessários. Como você lida com o problema? "Vamos marcar uma reunião para falar sobre fazer reuniões demais."

Se você gravar uma reunião comum, provavelmente descobrirá que durou mais do que o tempo estipulado, seguiu uma pauta com muitos tópicos, não conseguiu abordar alguns desses tópicos e terminou sem que ninguém soubesse o que fazer e quando os Resultados-chave deveriam ser atingidos.

Não fizemos a conta de quantas reuniões já participamos em nossa própria empresa e em organizações ao redor do mundo ao longo dos anos, mas seria algo como dezenas de milhares. Tivemos reuniões com executivos seniores, gerentes de médio escalão e funcionários da linha de frente. Algumas com duração de 15 minutos, umas de poucas horas e outras de vários dias em um retiro executivo. Com o tempo, descobrimos algumas dicas de como aproveitar qualquer reunião ao máximo. Alguma vez já planejamos ou conduzimos uma reunião perfeita? Não. Mas conseguimos torná-las mais compactas, objetivas e produtivas. O segredo é menos "conversa" e mais "ação". Toda reunião segue uma cultura desenvolvida pela pessoa que a conduz. Sugerimos o seguinte, caso você precise melhorar sua cultura de reuniões:

1. Garanta que as pessoas adequadas sejam convidadas para a reunião. Pense nas decisões que precisam ser extraídas e nas informações necessárias e, de acordo com isso, convide as pessoas.

2. Já que as decisões são tomadas por líderes, e não por equipes, certifique-se de que os responsáveis por isso sejam apontados e estejam presentes.
3. Defina um limite de tempo específico. Cogite reduzir o tempo normalmente estipulado, considerando o que se espera da reunião. Conhecemos um executivo que coloca seu relógio no centro da mesa de conferência e aciona um alarme configurado para despertar em uma hora. Fazendo isso algumas vezes ele nos revelou ter percebido que "as pessoas ficam de olho no relógio". "A primeira vez que fizemos isso, não conseguimos abordar toda a pauta. Da segunda vez terminamos a reunião a tempo. Na terceira vez, concluímos o encontro com dez minutos de folga. O relógio lembra as pessoas de focarem os Resultado-chave", disse ele.
4. Garanta que a reunião não termine sem que a pergunta do passo Faça seja respondida: "Quem fará o que e quando será feito?"
5. Durante a reunião, defina como as decisões serão comunicadas posteriormente.
6. Peça a todos na reunião que correlacionem suas próprias listas de tarefas com os Resultados-chave.
7. Crie uma expectativa de acompanhamento agendando horários de Reagrupamento e Relatório.
8. Utilize a estrutura e a linguagem comum do accountability. "Bob, acredito que podemos estar Abaixo da Linha. Equipe, vamos manter o trabalho Acima da Linha e ter certeza de que estamos focados no que mais podemos fazer para alcançar os Resultados-chave."

Essas sugestões o ajudarão à medida que trabalhar para promover melhorias em suas culturas de reunião. Conforme essas mudanças forem colocadas em prática, não se surpreenda se, em vez de medo, as pessoas começarem a demonstrar empolgação acerca de suas reuniões.

4. Nunca Desista até Alcançar os Resultados-chave

Tarde da noite, no ano de 1978, um engenheiro trabalhava em sua garagem aprimorando bancos de dados de computadores que poderiam competir com os produtos da IBM e de outros grandes fornecedores. Dois anos depois, todo o trabalho desse engenheiro teve grande sucesso quando sua empresa, Teradata, vendeu seu primeiro sistema para uma grande empresa da Costa Leste. Essa conquista fez com que os funcionários da Teradata, que haviam se tornado uma família bem próxima ao longo de dois anos de trabalho, comemorassem em grande estilo. Finalmente, todo o sangue, suor e lágrimas seriam recompensados.

Era um sábado de manhã no estacionamento da sede da Teradata, o armazém reformado para onde tinham ido ao sair da garagem. Um grupo de 52 funcionários animados e suas famílias seguravam balões e levantavam cartazes com a frase "Levem o Big One". Todos vestiam uma camiseta especial com *The Big One* estampado na frente e nas costas.

O motorista da empresa American Van Lines, contratada para fazer a entrega, viu-se contagiado pela empolgação da comemoração enquanto subia na cabine de seu caminhão. Quando o motorista ligou o motor e saiu do estacionamento carregando o Big One a bordo, as famílias comemoraram loucamente. Emocionado com o momento, o motorista acenou de volta, gritando que não os decepcionaria. O motorista se sentiu parte da família Teradata, mesmo que esse sentimento durasse até completar a entrega. Seu forte senso de ownership pela primeira grande conquista da Teradata era nítido e profundo.

FAÇA

Depois de quase oito horas de viagem, o motorista parou pela primeira vez em uma balança de pesagem e descobriu que a carga que levava pesava cerca de 220kg a mais do que o limite permitido. Ele sabia que o problema de excesso de peso exigiria muita papelada e aprovações que poderiam gerar um atraso de um dia inteiro e impedir que a Teradata cumprisse seu prazo de entrega.

Você provavelmente pode presumir quão fácil seria para esse motorista culpar a empresa pelo problema demonstrando uma postura Abaixo da Linha. Afinal, não era sua culpa. Também é possível imaginar como seria fácil para ele aguardar mais instruções em um quarto de motel.

Porém, o motorista se manteve Acima da Linha e escolheu fazer algo para resolver o problema. Afinal, a família Teradata dependia dele. O que ele poderia fazer antes que fosse noite na Costa Oeste? Depois de pensar rapidamente, ele dirigiu de volta até a parada de caminhões mais próxima. Chegando lá, ele se livrou das correntes de inverno do caminhão, vários galões de água e cadeiras extras e escondeu tudo em uma vala por perto, embaixo de um arbusto.

Mais tarde, ele se tocou do risco que estava correndo. Sabia que provavelmente seria demitido se perdesse esse equipamento. Mas o que era esse pequeno risco perto de salvar o dia de sua mais nova família? Ele retornou à balança de pesagem e agora o caminhão estava cerca de 20kg abaixo do limite.

O motorista da American Van Lines chegou à Costa Leste e entregou o Big One bem a tempo.

Depois de saber do ocorrido, a Teradata o parabenizou e agradeceu pelo accountability desempenhado para que o resultado fosse alcançado. A partir de então, eles passaram a incluir essa história no programa de orientação de funcionários da empresa como um exemplo perfeito de como viver Acima da Linha e realizar o que for preciso para Fazer, apesar dos obstáculos.

Desempenhando o Accountability da Forma Certa: Melhorando para Fazer!

1. Muitas empresas com as quais trabalhamos incorporaram a pergunta do passo Faça em sua pauta de reuniões para garantir que ninguém se esqueça disso durante toda a reunião. Ninguém será capaz de sair da reunião sem responder *quem fará o que e quando será feito*.

2. O setor de produção de um de nossos clientes, uma empresa de equipamentos médicos, desenvolveu uma "Lista do que se Deve Parar de Fazer" para ajudá-los a conquistar seus resultados. Depois de encherem flipcharts de ideias, eles selecionaram seis itens que deveriam ser abolidos, redirecionando imediatamente tempo e recursos para tudo aquilo que mais importava. O excesso de tarefas é um dos inimigos do passo Faça.

3. Podemos citar uma infinidade de exemplos de líderes que se certificam de que as conversas sobre Reagrupar e Reportar consolidam ainda mais "quem fará o que e quando será feito" ou ajustam tarefas e cronogramas atuais.

4. Encontre maneiras de incentivar e recompensar aqueles que correm riscos. Uma cliente nos contou que cita exemplos de tomada de riscos especialmente em reuniões e fóruns públicos. Dessa forma, ela coloca o comportamento de ir além dos limites para incentivar tal postura. Indiretamente, ela também recompensa os riscos ao, conscientemente, fazer tudo a seu alcance para implementar as melhores ideias sugeridas por sua equipe.

Capítulo Sete

LIDERANÇA ACIMA DA LINHA:

Compartilhando com os Outros o Accountability pelos Resultados

Independentemente de nossa posição ou título, acreditamos que cada um de nós lidera outras pessoas. De fato, muitas vezes a liderança pode ser definida e determinada de acordo com o nível de influência que exercemos sobre os outros. Emmett C. Murphy, autor de *Leadership IQ*, coloca da seguinte forma: "Todo trabalhador lidera; todo líder trabalha." De certa forma, o accountability é uma proposta de valor integral na qual líderes de toda organização compartilham com os demais o accountability pelos resultados. Isso não é algo que se coloca em prática facilmente caso esteja lidando com um líder apegado às práticas do accountability de punição pelos erros cometidos ou penalizações por ter assumido riscos sem ter obtido sucesso. Mesmo os líderes que veem a aplicação de accountability segundo o *Princípio de Oz* como uma força poderosa para conquistar resultados podem erroneamente tentar forçar sua nova sabedoria a terceiros, alienando-os em vez de motivá-los a ter mais accountability pelos resultados. Se a liderança é uma arte, a liderança Acima da Linha é a melhor forma de arte.

Nas últimas três décadas, trabalhamos com milhares de líderes de todos os níveis em organizações por todo o mundo. Vimos todos os aspectos envolvidos na questão, mas líderes Acima da Linha sempre encontram uma maneira de treinar outras pessoas para ficarem Acima da Linha.

Como Líderes Acima da Linha Treinam as Pessoas para Ficarem Acima da Linha?

Primeiramente, quem é a pessoa mais importante que deve estar Acima da Linha? Esperamos que tenha respondido: "Eu!" Líderes Acima da Linha trabalham, agem e vivem Acima da Linha. Por isso, rapidamente reconhecem quando os outros acabam ficando presos Abaixo da Linha. Líderes Acima da Linha sabem que desculpas, explicações, justificativas, confusão, negação e tudo mais relacionado às atitudes e à mentalidade Abaixo da Linha, quando persistentes, prejudicam muito a capacidade da organização de alcançar seus Resultados-chave. É preciso paciência e perseverança para ajudar as pessoas a passarem para Acima da Linha. Nem sempre é uma tarefa fácil. Quando algo dá errado, queremos corrigi-lo. Queremos solucionar o problema. E queremos fazer isso imediatamente. Muitas vezes, dizer às pessoas o que devem fazer para tudo voltar aos eixos parece mais fácil. O lado ruim e prejudicial de dizer às pessoas o que devem fazer é que, em vez de impulsionar, isso acaba desacelerando o crescimento de indivíduos, equipes e organizações como um todo. Enfrentar essa realidade exige coragem. Os resultados não dependem somente de seu trabalho Acima da Linha, mas também de fazer com que outras pessoas façam o mesmo.

Os resultados dependem de que todos trabalhem Acima da Linha.

Os líderes Acima da Linha não cruzam os braços e dizem: "Olha, você estragou tudo. Precisa consertar isso. Imediatamente. Se não..." Essa abordagem simplesmente motiva as pessoas a se esconderem, culparem os outros ou inventarem todo tipo de desculpa pelo que deu errado.

Então, como treinar as pessoas para que elas desenvolvam accountability de forma que as motive a fazer seu melhor para superar os obstáculos que bloqueiam a conquista dos Resultados-chave? Pode não ser fácil, mas você achará isso muito menos doloroso e muito mais eficaz se aplicar o modelo LIFT de Coaching de Accountability.

O Modelo LIFT de Coaching de Accountability

- Escute os obstáculos (Veja).
- Identifique os obstáculos sobre os quais pode exercer influência (Aproprie-se).
- Torne a pergunta do passo Solucione viável (Solucione).
- Teste o movimento (Faça).

PROPULSOR

O líder de uma equipe de controle de qualidade em uma empresa de equipamentos médicos reuniu seu pessoal na planta da fábrica uma semana após ter iniciado o Processo de Accountability do *Princípio de Oz*. Com o barulho das máquinas ao fundo, ele lançou uma pergunta que o assombrava há dias. "Alguém pode me dizer o motivo do aumento da quantidade de bolsas de fluido intravenoso que foram reprovadas em nosso teste de qualidade?" A equipe imediatamente apresentou explicações para o aumento dos defeitos, desde "A altíssima umidade deste verão afetou a robótica" até "Isso é culpa do nosso fornecedor! Não estamos recebendo o policloreto de vinila da melhor qualidade". Ele olhou ao redor da fábrica. "Então, todos esses motivos nos levam a uma conclusão. Provavelmente, continuaremos produzindo muitas bolsas de fluido intravenoso defeituosas futuramente. Certo?" Todos pareceram concordar.

Um líder Abaixo da Linha poderia ter suspendido a reunião naquele momento e dito aos superiores: "Não temos orçamento suficiente para consertar tudo aquilo que está interferindo na qualidade do produto." Mas o líder da equipe de controle de qualidade tomou uma decisão consciente de ser um exemplo de liderança Acima da Linha. Em vez de aceitar todas as desculpas pelo problema, ele decidiu enfrentá-lo. "Vejam, nenhum mágico vai tirar um coelho da cartola para nos tirar dessa confusão. Somos espertos. Somos capazes de *ver* o problema. Precisamos nos *apropriar*. A empresa não vai fornecer mais recursos. Nosso trabalho é Solucioná-lo dentro do orçamento atual. E precisamos *Fazer* isso antes que o trimestre acabe. O que mais podemos fazer para recuperar a qualidade? Tenho algumas sugestões, mas quero ouvi-los primeiro."

Perceba que ele não criticou sua equipe por se portarem Abaixo da Linha dando desculpas e culpando terceiros. Em vez disso, ele afirmou ter confiança na capacidade de sua equipe para resolver problemas. Muito menos ordenou que "resolvam o problema ou então...". Ele apresentou o desafio e convidou sua equipe a Ver, Apropriar-se, Solucionar e Fazer.

"Antes de iniciarmos a discussão, gostaria de mostrar uma coisa a vocês." Ele então pregou o cartaz de Passos do Accountability no quadro de avisos. "Observem esta linha no meio. Receio que, nessa questão, ficamos presos Abaixo da Linha. Agora precisamos subir para o outro lado dela." Em apenas três minutos ele revisou e explicou o modelo. Algumas pessoas já conheciam o treinamento, outras não, mas todas adoraram.

"Ok, vamos lá. Primeiro, quero entender aquilo que nos impede de cumprir nossas metas de produção. Vocês disseram que a umidade deste verão afetou a robótica. Também disseram que estamos tendo problemas com o policloreto de vinila do nosso fornecedor porque não está de acordo com nossos padrões, certo? Digam o que mais está nos atrapalhando." Então ele ouviu sua equipe citar os demais obstáculos que estavam enfrentando. Não transpareceu estar com pressa para encontrar soluções. Ele realmente queria saber o que mais os atrapalhava. Queria engajar novamente sua equipe a fim de encontrar novas soluções para que pudessem alcançar a parte de cima da linha. Líderes Acima da Linha dão o primeiro passo e ouvem com empatia.

Escute os obstáculos (Veja). Líderes Acima da Linha se comprometem a ouvir o que os outros estão pensando. Eles querem expor tudo aquilo que está atrapalhando os resultados que precisam ser alcançados. Ir a fundo e realmente escutar o que se passa nas mentes de todos da equipe exige tempo. Líderes Acima da Linha convencem as pessoas de seu genuíno interesse por ouvir a verdade. Eles escutam com atenção, sem envolver julgamentos, e pedem esclarecimentos, conforme seja necessário. Eles deixam a capa de Super-Homem bem guardada, nunca surgindo para salvar o dia com suas próprias soluções. Eles não resolvem os problemas da equipe sozinhos; eles a treinam para que fique Acima da Linha, permitindo que todo o pessoal volte a se dedicar completamente, para que *eles* se sintam responsáveis por descobrir as soluções necessárias.

> ***As pessoas se sentem muito orgulhosas de resolver os problemas por conta própria.***

De acordo com nossa experiência, aprendemos que as pessoas realmente querem chegar Acima da Linha e descobrir como resolver os próprios problemas. Muitos simplesmente precisam ser "ouvidos" durante o processo de solução de problemas. Porém, é preciso cuidado com a atração gravitacional do pensamento Abaixo da Linha. Uma pessoa que ouve com empatia pode se envolver tanto com as histórias de vitimização e angústia que termina escorregando para Abaixo da Linha e se juntando aos lamentos de todos que lá estão. Por exemplo, quando um membro da equipe dá como desculpa para seus atrasos consistentes as questões de guarda dos filhos, um líder pode dizer: "Entendi. É terrível o que está acontecendo com você. Não se preocupe com isso, não é sua culpa." Quando você perceber esses sentimentos surgindo, pode ser bom dizer a si mesmo: "Essa pessoa está sofrendo. Entendo como ela se sente. Preciso deixá-la desabafar e então incentivá-la a assumir o accountability por chegar ao trabalho na hora certa. Preciso ajudá-la a Ver."

LIDERANÇA ACIMA DA LINHA

Após o líder da qualidade do produto ouvir sua equipe e confirmar que todos os obstáculos que enfrentavam foram expostos, ele continuou perguntando: "Dentre os obstáculos que acabamos de falar, em quais deles podemos fazer algo a respeito?"

Identifique os obstáculos sobre os quais pode exercer influência (Aproprie-se). Os líderes Acima da Linha ajudam as pessoas a passarem do Ver para o Apropriar-se. Isso se dá por meio do incentivo a outras pessoas para identificar e priorizar os obstáculos que elas realmente podem controlar. Por vezes, listar aquilo que está dentro e o que está fora do controle da equipe pode ajudar. A equipe de qualidade de produto redigiu a seguinte lista:

Não Temos Controle Nem Influência	Temos Controle ou Influência
Clima Úmido	Alta Umidade na Fábrica
Desacelerações Econômicas	Custos
Aposentadoria, Doença e Morte	Recrutamento de Talentos
Problemas no Mercado	Inovação de Produtos

Não podemos controlar o que acontece na primeira coluna, mas podemos tomar as rédeas do que ocorre na segunda. Quando identificaram a questão do clima úmido como um obstáculo que poderia ser influenciado ou controlado, um membro da equipe orgulhosamente ofereceu uma solução possível: "Pesquisei sobre os novos desumidificadores orgânicos que usam um gel de sílica tecnologicamente avançado."

"Boa. Cada problema abriga em si uma oportunidade", disse o líder de qualidade do produto.

Outro membro disse: "Na Amazon, um mantra famoso é nunca dizer nada sobre a 'concorrência' e falar apenas sobre o que pode ser feito para melhorar a experiência do cliente. Deveríamos parar de falar sobre umidade e focar a busca pelos melhores desumidificadores."

A risada foi geral, mas todos entenderam. Depois disso, identificaram outros dois obstáculos que precisavam encarar. Um deles era a busca por um novo fornecedor de válvulas para melhorar o fluxo da solução dentro e fora das bolsas intravenosas. O outro era o recrutamento de novos talentos para a equipe de engenharia, considerando as aposentadorias iminentes e inovações recentes.

Todo líder Acima da Linha sabe que nada empoderará mais as pessoas do que uma sensação de controle e influência sobre suas circunstâncias, livre dos efeitos debilitantes da vitimização. E esse é o motivo pelo qual os líderes Acima da Linha ajudam as pessoas a separar o incontrolável do controlável, convidando suas equipes a trocarem o foco no primeiro pela apropriação do segundo.

Torne a pergunta do passo Solucione viável (Solucione). Estabelecida a propriedade, é hora da etapa Solucione. Como você deve se lembrar do Capítulo 5, essa pergunta simples, porém poderosa, gera as soluções mais eficazes, inovadoras e produtivas para os problemas com que você se depara. Ela automaticamente passa pelo pensamento de vítima, que desperdiça tempo, consome energia, além de ser improdutivo e dispendioso, mantendo as pessoas presas Abaixo da Linha. Quando o clima, a economia ou a inovação de um concorrente que muda todo o mercado complicam as coisas, todos que tomam o accountability de Solucionar tal situação ficam mais firmes, perguntando continuamente: "O que mais posso fazer?"

Já encontramos casos bastante crônicos de pensamento Abaixo da Linha que resistem a esse passo. Reflita por um minuto. Quando uma pessoa está verdadeiramente presa Abaixo da Linha, o que ela procura fazer? Ela busca explicar e justificar o motivo de estar ali. Esse é, na verdade, o caminho de menor resistência para permanecer ali. Claramente, é preciso um catalisador que gere movimento Acima da Linha. Nesses casos, nossa sugestão é que aqueles que estejam presos tentem imaginar que suas vidas dependem completamente de encontrar uma solução. Seria mais ou menos assim: "Vamos, por um momento, imaginar que sua vida dependesse dessa solução. *O que mais poderia ser feito para resolver este problema?*" Ainda que seja mais do que provável que suas vidas não dependam de uma solução, essa pergunta muitas vezes estimula a criatividade, engajamento e reflexão necessários. Às vezes, é preciso um pequeno choque em sua psique para afastar alguém do habitual pensamento Abaixo da Linha. "E se a sua vida dependesse disso?" pode ser o choque necessário. Independentemente da situação enfrentada, as circunstâncias provavelmente não melhorarão até que todos tenham passado por um treinamento que os habilite a eliminar as desculpas por resultados ruins, e produzir suas melhores ideias, perguntando repetidamente: "O que mais posso fazer para chegar ao resultado de que precisamos?"

Após uma discussão vigorosa sobre o que mais poderia ser feito para superar os três principais obstáculos identificados, o líder de qualidade do produto interrompeu a equipe e perguntou: "Então, o que vamos fazer?"

A equipe respondeu revisando as três melhores ideias que conseguiram pensar como solução para os principais obstáculos e garantir um aumento da produção sem erros antes do final do trimestre. Eles concordaram em montar um plano de implementação até o fim da semana e apresentá-lo para feedback e aprovação.

Teste o movimento (Faça). Quando alguém está Abaixo da Linha e busca outra pessoa que assuma o accountability por uma solução, a liderança Acima da Linha resiste à tentação de dizer a eles o que fazer e, em vez disso, foca o reengajamento mental dessa pessoa para que ela mesma procure as soluções. O Modelo LIFT de Coaching de Accountability não é uma ferramenta para solução de problemas. É realmente uma ferramenta de reengajamento. O sucesso vem com o LIFT quando todos se movem para Acima da Linha e se envolvem na solução do problema.

Ao testar o movimento, se a equipe ou os indivíduos responderem com algo como "Eu (nós) simplesmente não sei (sabemos) o que fazer", os líderes Acima da Linha são dotados de paciência para começar de novo. Eles Escutam. Identificam. Resolvem. Testam. Geralmente, as pessoas seguem em frente e se reengajam.

Voltando ao caso da empresa de suprimentos médicos, nosso líder de qualidade do produto encerrou a reunião altamente produtiva da equipe com as palavras: "Gosto das três soluções que desenvolvemos. Portanto, vamos garantir que todos entenderam o 'quem fará o que e quando'. Neste ponto, parece que Jeff ficará encarregado de preparar um relatório sobre os desumidificadores inovadores até o final da semana. Jill deverá trazer cotações para válvulas fabricadas nos EUA até a próxima sexta-feira. E eu ficarei encarregado de garantir que o RH comece a identificar três candidatos fortes para substituir Therese, a engenheira que se aposentará no próximo mês. Depois de realizarmos essas três etapas, nos reuniremos novamente para desenvolver planos mais detalhados de implementação e acompanhamento do progresso."

Como visto no Capítulo 6, o movimento em direção ao resultado correto depende de todos que conheçam a resposta à pergunta fundamental: *"Quem fará o que e quando?"* Não importa o quanto as coisas estejam indo bem hoje, novos obstáculos surgirão amanhã, problemas precisarão ser enfrentados e será essencial ter velocidade. Mas os líderes Acima da Linha sempre demorarão algum tempo para levar as pessoas a se envolverem e a começarem a procurar soluções. Tais líderes reconhecem que colocar sua equipe Acima da Linha não apenas levará a melhores soluções, mas também criará uma cultura de engajamento em equipe que transborda de solucionadores de problemas.

Princípios de Liderança Acima da Linha

Considerando nossa experiência, os líderes Acima da Linha tiram o máximo proveito do modelo LIFT quando duas coisas são bem realizadas:

1. Manter as Pessoas Focadas no que Mais Importa.
2. Modelar Comportamentos Acima de Linha.

1. Manter as Pessoas Focadas no que Mais Importa

A condutora de uma orquestra sinfônica não pode bloquear todas as distrações que surgem durante uma apresentação, mas pode optar por ignorá-las e manter os músicos focados na música. Os líderes Acima da Linha fazem o mesmo; decidem ignorar as distrações que, sem sentido, desviam a atenção e, em vez disso, assumem a responsabilidade de manter suas equipes focadas no que é mais importante: chegar aos Resultados-chave. Sempre que alguém reclama de um problema, um líder Acima da Linha sempre pergunta: "Esse é um problema que impedirá que alcancemos nossos Resultados-chave?" Se for um problema que possa ficar de lado por enquanto, eles o fazem. Se, no entanto, o problema impedir os Resultados-chave, o líder Acima da Linha envolverá a equipe na determinação do que mais pode ser feito para Solucionar.

Há alguns anos, observamos a carreira de um líder excepcional, que era cofundador de uma empresa altamente lucrativa. Na casa dos 50 anos de idade, esse talentoso líder, a quem chamaremos de Mark para proteger sua privacidade, e seu sócio decidiram vender a companhia para uma empresa de private equity que apresentou a melhor oferta. Mark e seu sócio se sentiram à vontade para vender para aquela companhia porque acreditavam que o novo proprietário oferecia as melhores opções para recompensar quem ficasse para trás para gerenciar e expandir os negócios.

Quando o negócio foi consumado, Mark se sentiu como um pai que deixava a filha na faculdade pela primeira vez, esperando que tudo desse certo. Não foi fácil deixar a empresa que havia fundado. Ele sentia falta das pessoas com as quais se associou e se esforçou para manter um relacionamento com o maior número possível delas. Nos dois anos seguintes, ele ficou de olho nos negócios de longe. Quanto a vendas e lucratividade, tudo se desenrolou praticamente como ele esperava. Mas em termos das pessoas com quem ele tanto se importava, muitas delas não estavam felizes. Ele as incentivou a continuar por lá enquanto os novos proprietários aprendiam a administrar o negócio sozinhos. Então, durante o terceiro ano após a venda, a empresa que ele fundou começou a estagnar. Pela primeira vez, desde 2001, a empresa não estava crescendo. Seus números diminuíram por dois trimestres seguidos, e os dois próximos pareciam igualmente sombrios. Com a queda no desempenho e a pressão para mudar as coisas, o pânico se instalou e o moral decaiu. O CEO que substituiu Mark e seu sócio ficou sob crescente pressão do proprietário e decidiu sair em decorrência do acúmulo de estresse e de problemas de saúde.

O CFO da empresa assumiu o cargo de CEO e, depois de uns meses de desempenho problemático e avaliação cuidadosa, o novo CEO decidiu falar com Mark. Ele pediu que Mark fosse dar uma palestra na empresa no começo do novo ano. O CEO não sabia exatamente o que queria que Mark fizesse ou falasse, mas sabia que se alguém pudesse retornar a esperança e otimismo à empresa, seria ele. Mark nunca foi de ficar passivo enquanto seus ex-colegas e amigos enfrentavam problemas. Ele queria ajudar a restaurar o legado da empresa que, por tantos anos, trabalhou para construir, por isso aceitou o convite do CEO para dar uma palavra na próxima reunião anual de início de ano da empresa.

Antes da reunião, na tentativa de entender o que estavam pensando sobre o clima ruim da empresa no momento, Mark começou a procurar os líderes seniores da empresa. E eles tinham muito a dizer. "Muitas novas iniciativas nos separaram da identidade de nossa marca como líder no setor. Vários dos contratados recentes não tinham as habilidades necessárias para a expansão dos negócios. A gerência errou e mudou o projeto do sistema de remuneração não uma, nem duas, mas por três vezes. As pessoas estão confusas e se perguntando se nunca mais receberão um bônus. Os novos proprietários não fazem ideia de como administrar nossos negócios e seu foco no curto prazo faz com que todos fiquem em constante alerta." A ladainha das lamentações continuava sem cessar.

Mark absorveu tudo e dedicou muita atenção ao discurso que estava prestes a fazer. Quando entrou na grande sala de reunião, estava genuinamente determinado a ajudar seus ex-colegas e amigos a se reencontrarem, lembrando o que já haviam alcançado e optando pelo otimismo em relação ao futuro. Depois de ouvir o CEO dar início à reunião descrevendo os resultados que a empresa precisava obter no próximo ano, estava na hora de Mark fazer o que fora chamado a fazer. Os veteranos o conheciam como um líder forte; os novatos, apenas como um dos cofundadores da empresa.

PROPULSOR

Mark começou com uma poderosa afirmação sobre a proposta de negócios e sua relevância no atual ambiente de negócios. Ele não gastou nem um minuto dizendo às pessoas como era bom estar de volta. Não era preciso. Era óbvio. Ele falava como se ainda fosse o dono do negócio. Com a plateia engajada, ele contou histórias de sucesso e tentou, mais uma vez, reviver a imaginação da empresa. Confrontou as desculpas Abaixo da Linha que ouvia quando tentavam explicar e justificar o motivo de a empresa não apresentar crescimento pela primeira vez em 16 anos. Instigou a equipe a ficar Acima da Linha e aproveitar o legado que ajudaram a criar. Então, hesitando por apenas um momento, ele disse: "A empresa que conheço não fica Abaixo da Linha! Ela trabalha Acima da Linha! A empresa que conheço tem foco constante no que mais podemos fazer para alcançar nossos Resultados-chave!"

Por todo o lado, Mark via rostos animados, muitas cabeças balançando e bastantes expressões preocupadas. Foi aí que ele levantou a voz e, com o punho cerrado, gritou: "Espero que vocês não estejam aqui apenas para passar o tempo. Se não quiserem nos ajudar a seguir em frente, recuperar nosso impulso e entregar nossos Resultados-chave, saiam daqui! Aqui, nesta empresa, alcançamos nossos RESULTADOS-CHAVE!"

O silêncio foi ensurdecedor. Posteriormente, o CEO reconheceu que Mark o fez encarar profundamente um enorme espelho. "Eu me senti muito desconfortável, porque o reflexo que vi era feio, uma vítima, criadora de desculpas. Francamente, isso doeu." Mark não apenas agiu como um animador de torcida magistral, inflamando os líderes da empresa. A experiência lhes conferiu um novo fôlego. Agora, estavam prontos para fazer o que fosse necessário para que o espelho mostrasse um reflexo diferente: o rosto de uma equipe assumindo a responsabilidade de alcançar seus Resultados-chave.

Quase instantaneamente, todos pararam de perder tempo, inventar desculpas, acusar uns aos outros por causarem seus problemas e lamentar circunstâncias além de seu controle. Se pudesse escutar as conversas que os líderes tiveram com os funcionários após aquela reunião extraordinária, teria ouvido em todas as frases a linguagem comum da responsabilidade positiva e propulsora. Teria ouvido pessoas escolhendo o otimismo. E também teria ouvido aquelas palavras mágicas instigando uma nova atitude: "Aqui, nesta empresa, alcançamos nossos Resultados-chave."

Não podemos seguir em frente neste livro sem que você saiba que, ao longo daquele ano, a empresa avançou com otimismo e apresentou os mais altos números de receita e EBITDA (lucro antes dos juros, impostos, depreciação e amortização) de todos os tempos. Foi uma reviravolta histórica e marcante.

2. Modelar Comportamentos Acima da Linha

Há uma enorme sabedoria no axioma "Faça como eu faço, não apenas como eu digo". Líderes Acima da Linha modelam comportamentos Acima da Linha. Caso os comportamentos Acima da Linha que espera de sua equipe não sejam modelados, eles apenas farão o que têm de fazer enquanto você estiver presente e, assim que você sair, voltarão para Abaixo da Linha. Se você despejar neles aquela antiga abordagem da accountability, que usa coação e ameaças para manter as pessoas nos trilhos em direção aos Resultados-chave, elas atacarão umas às outras com desculpas e acusações quando algo der errado. Coagir e acusar pode fazer com que líderes e seguidores se sintam melhor com suas situações em curto prazo, mas não terá nenhum efeito em ajudá-los a chegar Acima da Linha. É claro que não há problema em deixar as pessoas extravasarem por algum tempo. Porém, comece a modelar a abordagem tirada de *O Princípio de Oz* para encarar o accountability como uma força poderosa e propulsora na busca pelos Resultados-chave. Em longo prazo, é dessa forma que os líderes Acima da Linha facilitam o movimento no caminho necessário e, ao mesmo tempo, fazem as pessoas se sentirem melhores e mais produtivas. Eles engendram confiança trabalhando efetivamente Acima da Linha para realizar suas tarefas, desempenhar suas funções de liderança e chegar aos Resultados-chave. Constantemente, eles fazem essas perguntas importantes tanto a si mesmos quanto a suas respectivas equipes:

- Estamos praticando o accountability verdadeiro? E eu, estou?
- Estamos caminhando em direção aos Resultados-chave que devemos alcançar? E eu, estou?
- Estamos reconhecendo a completa realidade desta situação? E eu, estou?
- Aceitamos nosso impacto nessa realidade? E eu, aceito?
- O que mais podemos fazer para chegar aos resultados que precisamos? O que mais eu posso fazer?
- Quem fará o que, e até quando? O que farei, e até quando?

Jack Welch, o altamente respeitado antigo CEO da General Electric, que influenciou uma geração de líderes de negócios, é um forte modelo para os líderes Acima da Linha que aspiram à grandeza. Como Noel Tichy e Stratford Sherman contam em seu livro *Controle Seu Destino antes que Alguem o Faça*, Jack transformou a GE em uma geradora de resultados de primeira linha, modelando sua própria forma de verdadeiro accountability: "A incrível história da transformação da GE oferece lições essenciais para o bem-estar de gerentes e leigos. 'Controle seu destino' é mais do que uma útil ideia de negócio. Para cada indivíduo, corporação e nação, é a essência do accountability e a exigência mais básica para o sucesso. À medida que o mundo muda infinitamente, devemos fazer o mesmo. Nosso maior poder é a capacidade de visualizar nosso próprio destino — e mudar a nós mesmos." Essa é só mais uma forma de descrever a liderança Acima da Linha. Durante seus anos no comando da GE, Welch enfatizou os valores essenciais de "autoconfiança, sinceridade e uma vontade inabalável de encarar a realidade, mesmo que dolorosa".

Como todos os líderes, enfrentou sua parcela de desafios e cometeu muitos erros pelo caminho: "Cometi minha parcela de erros — e foram muitos —, mas meu maior erro, de longe, foi não agir mais rápido. Arrancar um velho band-aid, um pouquinho por vez, dói muito mais do que um puxão repentino. É claro que a intenção é evitar problemas ou desgaste na empresa — mas, geralmente, a natureza humana é impeditiva. Todos querem ser apreciados, considerados razoáveis. Então, não agem tão rápido quanto deveriam. Além de ser mais prejudicial, tem um custo na competitividade." Então, ele acrescenta: "Quando se administra uma instituição como essa, sempre há o susto inicial. O medo de causar problemas. Ninguém pensa nos líderes por esse prisma, mas é verdade. Todos que comandam alguma coisa sofrem do mesmo medo quando vão para casa no fim do dia: Será que serei eu o culpado pela ruína deste lugar? Pensando em retrospecto, eu era muito cauteloso e tímido."

Coragem. Esse é o primeiro comportamento que enfatizamos neste livro quando pedimos que você reunisse a coragem para reconhecer a realidade de sua situação. É isso que os líderes Acima da Linha fazem. São corajosos, emocional e mentalmente investidos, tudo para consistentemente mostrar uma vontade incansável de Ver, Apropriar-se, Solucionar e Fazer.

Desempenhando o Accountability da Forma Certa: Liderar e Elevar os Outros

1. Trabalhamos com o diretor jurídico de uma empresa do ramo de saúde, de propriedade católica, em Illinois, que chegou a pagar uma empresa para colocar em uma moldura um flipchart cheio de feedback sincero que recebeu de outras equipes funcionais que interagiam com a sua. Sua mensagem não dava margem a dúvidas: "Não escondemos nenhum feedback que recebemos e nossa intenção é agir com base nisso, porque queremos fazer o que é certo."

2. Denis Meade, diretor de treinamento e desenvolvimento do Allo-Source, importante banco de tecidos humanos sem fins lucrativos, afirmou: "Aquilo que é mensurado chama a atenção. Portanto, para que suas equipes e empresa façam melhor, encontre as métricas corretas e comece a mensurar e relatar."

3. Um importante programa do governo estava com problemas. A diretora substituiu a agenda de sua próxima reunião pelas quatro etapas Acima da Linha. Fez quatro perguntas, uma de cada vez, e registrou as respostas. Pergunta 1: O que precisamos ver que não vemos agora?; Pergunta 2: Como e onde precisamos nos envolver?; Pergunta 3: O que mais podemos fazer?; e Pergunta 4: Quem precisa fazer o que, e quando? Soa familiar? Ela aplicou o que falamos nos capítulos anteriores deste livro. Após 90 minutos, tinha o que chamou de o plano mais direto e claro que eles desenvolveram em meses. Com sua liderança deliberada e acima da linha, o programa voltou aos trilhos em direção ao objetivo até o fim do ano.

4. Um diretor de RH de uma empresa que fabrica equipamentos de digitalização implementou uma prática pessoal que considerou muito eficaz em ajudar seus colegas a permanecerem Acima da Linha. Sempre que ele está conversando com um gerente ou líder, diz a si mesmo: *Espere, espere, espere...* ouça, ouça, ouça.

Capítulo Oito

EQUIPES ACIMA DA LINHA

Adquirindo Accountability pelos Resultados da Equipe

Imagine-se como um jogador ocupando a terceira base pelo Boston Red Sox, enfrentando o New York Yankees na American League Championship Series pelo direito de seguir para a World Series. Seu time ainda não ganhou nenhum jogo. Seu arquirrival já tem três vitórias. No momento, nenhum time na história da Major League Baseball jamais virou o jogo dessa forma. O que você faria? Desistiria e voltaria para casa e ficaria andando de um lado para o outro sentindo pena de si mesmo e lambendo suas feridas? Isso não aconteceria com uma equipe Acima da Linha. Uma equipe desse tipo encontraria a vontade, a coragem e a mentalidade necessárias para fazer algo inédito. E foi exatamente isso que o Red Sox fez em 2009, quando viraram o jogo de forma emocionante, lutando para voltar à competição e vencendo o decisivo sétimo jogo do campeonato por 10 a 3. Uma equipe na qual os jogadores se recusam a desistir, muito ao contrário, adquire accountability pelo que virá pela frente e é capaz de feitos incríveis. O mesmo aconteceu com o Cleveland Cavaliers em 2016, quando conseguiram reverter um placar de 3 a 1 na série vencendo o campeonato da NBA. Equipes Acima da Linha não desistem!

Como Manter Sua Equipe Acima da Linha?

Mesmo que não jogue em uma equipe profissional de esportes, você provavelmente atua em várias equipes todos os dias. Observe o exemplo de uma analista de dados em uma empresa de médio porte cuja função tem impacto sobre vários departamentos, incluindo a equipe de marketing, a equipe de operações e a equipe de TI. Depois do trabalho, ela atua na equipe de sua família, na equipe de tênis de seu clube de atletismo e na equipe de arrecadação de fundos de sua igreja. Muitas vezes, a vida acaba girando em torno de equipes. E isso é uma via de mão dupla. Sua equipe o apoia; você apoia sua equipe. Conforme a famosa frase de Winston Churchill: "Nós moldamos nossos edifícios; depois, eles nos moldam." Qualquer equipe que deseja vencer, seja qual for seu nível de desempenho atual, deve descobrir como estruturá-la para que instintivamente passe a ter uma performance Acima da Linha e permaneça dessa forma, concentrando toda sua energia na conquista dos resultados.

Mesmo nesta era de mudanças dinâmicas e revolucionárias, ainda ouvimos coisas como: "Não se pode nadar contra a correnteza", "Você não pode vencer o sistema", "Não arrume problemas" ou "Você não pode ir contra o governo". Não passam de justificativas pífias para que se fique contente com o cenário atual. E se o Red Sox de 2009 tivesse desistido mentalmente depois da terceira derrota? Eles teriam fracassado. E quanto à analista de dados que citamos? Por conta de seu trabalho eficaz ajudando as equipes sobre as quais exerce influência a se manterem Acima da Linha, foi promovida a gerente, diretora e chegou a vice-presidente. E se ela tivesse apenas ligado o piloto automático e assistido aos outros subirem na carreira? Ela não teria vivenciado o crescimento e a realização no trabalho que tem hoje. Membros de equipe Acima da Linha desempenham accountability por seu futuro e de suas equipes. Seja qual for o jogo que estejam jogando, tanto no campo como no trabalho, ou em muitos outros empreendimentos, equipes Acima da Linha demonstram accountability para superar as circunstâncias e alcançar resultados.

Equipes Acima da Linha aplicam a linguagem comum do Accountability em suas interações diárias. A analista de dados recebeu um feedback de um líder de operações que a colocou no caminho certo no começo de sua carreira. Esse líder disse a ela: "Sua explicação para o déficit em nosso sistema de recuperação de dados pode fazer com que permaneçamos Abaixo da Linha. Preciso que se certifique de que estamos *vendo* e nos *apropriando* da realidade do que está acontecendo e mantenha seu foco em conquistar o resultado necessário." Quando quiser impulsionar seu time, lembre-se do modelo de Passos do Accountability. Escreva-o no verso de um cartão que possa guardar na carteira ou cole um cartaz na parede de uma sala de reunião, servindo a você e aos demais de lembrança de como praticar consistentemente o pensamento e o comportamento Acima da Linha.

Outro líder de peso que acompanhamos recentemente, reservava um tempo no começo de cada reunião da equipe para ouvir histórias de sucesso de seus subordinados diretos. As experiências positivas compartilhadas reforçaram os benefícios de posturas Acima da Linha que desejava para sua equipe. Essas histórias de sucesso enfatizavam a importância do esforço da equipe em conquistar os Resultados-chave. Essas formas positivas de coaching fazem com que todos foquem a vitória. A consistência e a frequência com que as histórias eram compartilhadas mantinham todos à procura de comportamentos Acima da Linha que precisavam reconhecer nos outros a todo momento.

A maioria das pessoas tem pavor da ideia de participar de uma reunião que se estenderá até a metade do dia, temendo que isso provavelmente tire o foco delas do trabalho que têm para fazer. Por que isso acontece? Isso ocorre porque muitas reuniões se estendem para preencher o tempo estipulado, por mais que nem sempre seja necessário, e tendem a enveredar por conversas improdutivas que fazem muito pouco ou realmente nada pelos Resultados-chave. Como mencionamos, a equipe de liderança divisional em uma empresa de consultoria especializada em gestão de projetos encontrou uma maneira mais eficaz de conduzir as reuniões de equipe que aconteciam toda sexta-feira de manhã. O presidente da divisão restringiu a pauta somente a tópicos relacionados diretamente aos Resultados-chave.

Os participantes não eram os mesmos nessas reuniões. Toda semana a equipe de liderança convidava pessoas de toda a divisão que haviam sido escolhidas para relatar atividades relacionadas a seus Resultados-chave. Esses convidados preparavam cuidadosamente suas apresentações, sabendo que precisariam abordar um determinado tópico com clareza e de forma sucinta em um tempo específico. Também sabiam que a equipe de liderança analisaria seu trabalho usando a linguagem comum do accountability. A reação de um líder a um problema de custo inesperado demonstrou uma mentalidade Abaixo ou Acima da Linha? Uma determinada solução seguiu os Passos do Accountability (Veja, Aproprie-se, Solucione e Faça)? Os que fizeram suas apresentações receberam elogios por um trabalho bem-feito e feedback construtivo sobre o que poderiam aprimorar.

Todos tiraram proveito dessas reuniões da equipe Acima da Linha. Os convidados receberam dos líderes treinamento adequado e estes se beneficiaram de insights sobre áreas em que precisavam desempenhar mais accountability. Os líderes também gostaram da oportunidade de trocar feedbacks com seus colegas. Soubemos que uma líder convidada contou com a ajuda de diversos membros de sua equipe de projetos em sua apresentação, já que a anterior havia provocado em alguns líderes de divisão uma onda de ceticismo sobre o projeto, achando que ele havia perdido o rumo. Já essa nova apresentação focava as maneiras específicas pelas quais ela e sua equipe desempenhavam accountability para melhorar a contribuição do projeto para os Resultados-chave. Após resumir o andamento do projeto por meio de tabelas, gráficos e análises estatísticas bem preparadas, ela abriu espaço para que os líderes da divisão fizessem perguntas. Um deles afirmou prontamente: "Eu acho que esse projeto está na direção errada. Se você não consertar isso ainda *esta* semana, teremos que fazer mudanças."

Outro líder o contestou: "Acho que essa avaliação é um tanto injusta e talvez Abaixo da Linha." Os outros líderes imediatamente concordaram com essa colocação, e a convidada suspirou imensamente aliviada. O líder que desaprovou a apresentação ficou frustrado, mas reconheceu que os outros estavam certos. Sua atitude levou a uma discussão altamente focada que expôs o accountability compartilhado necessário para colocar o projeto de volta nos eixos. Por meio dos Passos do Accountability eles puderam avaliar melhor o andamento do projeto e fornecer coaching à líder e sua equipe para que pudessem solucionar os problemas que os atormentavam. No final da sessão, o líder que havia desaprovado ofereceu sua ajuda à líder do projeto. "Olha, tive o mesmo problema alguns anos atrás. Depois da reunião passarei em seu escritório para contar o que fizemos para solucionar o problema." Equipes Acima da Linha trabalham para que todos os membros mantenham tal postura e ofereçam feedback quando alguém vacila!

PROPULSOR

A equipe de liderança, no final de cada reunião, debatia sobre o que havia acontecido durante o encontro e decidia se seria necessário um reforço do pensamento Acima da Linha para poderem chegar aos Resultados-chave. Por sua vez, a líder do projeto e seus colegas convidados retornaram à equipe com o incentivo de que precisavam acerca do progresso alcançado em relação aos Resultados-chave e o feedback construtivo que os ajudaria a melhorar no futuro.

Os Resultados-chave se tornam mais fáceis de alcançar quando substituímos "O que fiz de errado?" por "O que mais posso fazer?". Sabendo que a vitimização e o jogo de acusações sempre atrapalham; equipes Acima da Linha agem o mais rápido possível para reconhecer e retirar de cena os comportamentos Abaixo da Linha. Essa mudança as leva a adotar uma Cultura de Accountability que guiará a abordagem usada pela equipe para superar todos os obstáculos que vierem pela frente na conquista dos Resultados-chave.

Desempenhar o accountability da forma certa fará com que os membros da equipe tenham uma atitude do tipo "podemos fazer qualquer coisa" em relação ao trabalho, a mesma que levou a zebra da Liga Americana ao Fenway Park em 2009. Aplicar um modo de accountability positivo e propulsor em suas reuniões e interações pessoais, acaba com aquelas conversas que antes apavoravam, desperdiçavam tempo, transbordavam desculpas e não tinham nada a ver com a questão. O feedback construtivo entra no lugar das acusações agressivas, a humildade substitui a arrogância e trocamos o pessimismo pelo otimismo. Quando uma pessoa passa de Abaixo da Linha para Acima da Linha, nada muda em seu espaço de trabalho físico, o que muda é sua energia e entusiasmo. É preciso um certo nível de consciência e esforço para conseguir isso, mas o pensamento Acima da Linha levará sua equipe aos resultados necessários de forma mais consistente do que praticamente qualquer outra coisa.

Princípios de Formação de Equipes Acima da Linha

Seja como líder ou membro da equipe, três princípios específicos o ajudarão a permanecer Acima da Linha e melhorar o desempenho:

1. Aponte o Pensamento e o Comportamento Abaixo da Linha.
2. Faça e Receba Coaching Usando Feedbacks Gentis e Construtivos.
3. Faça Perguntas Acima da Linha Fundamentais.

1. Aponte o Pensamento e o Comportamento Abaixo da Linha

Se chegou até esta parte do livro, presumimos que sua equipe já passou a adotar os Passos do Accountability e a usar a linguagem comum e poderosa relacionada a essas etapas à medida que trabalham e interagem entre si. Caso contrário, repasse esse modelo a eles. Forneça-lhes cópias do gráfico instantâneo de uma página e cole-o na parede da sala de reuniões. Se eles demonstrarem mais interesse, incentive-os a ler este livro e a baixar o aplicativo Propeller [conteúdo em inglês]. Aqueles que fizerem isso ou forem pessoalmente até um dos encontros formais de Processo de Accountability terão a oportunidade de se aprofundar e tomar conhecimento de níveis de aplicação valiosos dos Passos do Accountability.

Equipes Acima da Linha fazem questão de abandonar a visão do accountability como uma forma de coação, ameaça ou punição. Essa visão apenas estimula o medo. E o medo é o inimigo número um do accountability. Descobrimos que quase todos aqueles que não conhecem nossa definição de accountability descrevem o termo de formas negativas: "Aquilo que acontece com você quando as coisas dão errado", "A lei do retorno", "As justificativas pelos erros", "Como a gerência pune aqueles que cometem erros". Repetindo: acabe com essa concepção por meio da poderosa e propulsora definição de accountability do *Princípio de Oz*:

> Uma escolha pessoal de superação das circunstâncias particulares e demonstração da ownership necessária para alcançar os resultados desejados: Veja, Aproprie-se, Solucione e Faça.

O verdadeiro accountability deve reger tanto o comportamento individual quanto o da equipe. Ele pode ser aplicado em seu próprio trabalho, nas interações individuais com um colega de equipe e em reuniões de equipe. Obviamente, é sempre bom elogiar e recompensar as pessoas por se portarem Acima da Linha, mas solucionar problemas e conquistar Resultados-chave quase sempre dependem de que se aponte pensamentos e comportamentos Abaixo da Linha.

Ensinar repetidamente os Passos do Accountability evita que as pessoas desperdicem seu precioso tempo com desculpas e acusações, ou esperando que o mágico tire da cartola uma solução para uma situação problemática. Para manter essa consciência, aconselhamos que realize Avaliações do Accountability da Equipe periodicamente:

Avaliação do Accountability da Equipe

Circule a resposta que melhor descreve sua equipe.

Você ouve as pessoas culparem os outros por aquilo que deu errado?

Nunca   Raramente   Às Vezes   Frequentemente   Sempre

Você acredita que as pessoas não assumem responsabilidade pelo que fazem ou pela forma como fazem as coisas?

Nunca   Raramente   Às Vezes   Frequentemente   Sempre

Quando se trata da conquista dos resultados, as pessoas têm dificuldade em tomar a iniciativa de reportar suas atividades e seu progresso?

Nunca   Raramente   Às Vezes   Frequentemente   Sempre

Os membros de sua equipe dão o melhor para evitar os problemas?

Nunca   Raramente   Às Vezes   Frequentemente   Sempre

As pessoas "esperam para ver" se problemas graves se resolvem sozinhos?

Nunca   Raramente   Às Vezes   Frequentemente   Sempre

Você costuma ouvir das pessoas que sentem que uma situação está fora de seu controle e que não há nada que podem fazer para resolvê-la?

Nunca   Raramente   Às Vezes   Frequentemente   Sempre

As pessoas tentam "salvar suas peles" quando as coisas dão errado?

Nunca   Raramente   Às Vezes   Frequentemente   Sempre

As pessoas falam mais sobre suas atividades e esforços do que sobre os resultados?

Nunca   Raramente   Às Vezes   Frequentemente   Sempre

Você as ouve dizerem "Isso não é meu trabalho ou trabalho do meu departamento" e agirem como se esperassem que alguém resolvesse o problema?

Nunca   Raramente   Às Vezes   Frequentemente   Sempre

Você sente que as pessoas demonstram pouca ownership pessoal e participação pessoal quando surgem problemas?

Nunca   Raramente   Às Vezes   Frequentemente   Sempre

As respostas "Às Vezes", "Frequentemente" ou "Sempre" sugerem que sua equipe passa muito tempo trabalhando Abaixo da Linha; se você quiser alcançar os resultados, eles precisam retornar para o outro lado da Linha o mais rápido possível.

Uma última consideração sobre chamar a atenção das pessoas acerca de pensamentos e comportamentos Abaixo da Linha: Tome cuidado com a tentação completamente natural dos seres humanos de sentir um arrepio de *schadenfreude* chamando a atenção de alguém. A palavra de origem alemã significa "ter prazer, alegria ou autossatisfação quando se toma conhecimento ou testemunha problemas, fracassos ou humilhação de terceiros". As pessoas percebem quando alguém tenta disfarçar tais sentimentos, isso as deixa com a sensação de terem sido marteladas na cabeça como forma de punição, exatamente o contrário do que deveriam sentir ao desempenhar verdadeiramente accountability pelos resultados. Em outras palavras, nunca use a linguagem que descreve o pensamento Abaixo da Linha como arma para constranger os membros da equipe e fazer com que passem para o outro lado da Linha.

2. Faça e Receba Coaching Usando Feedbacks Respeitosos e Construtivos

Especialistas em formação de equipes escreveram inúmeros livros sobre formação, gestão e trabalho em equipes de alta performance, mas queremos destacar duas características presentes em equipes Acima da Linha que melhoram muito o desempenho: inclusão e conflito. Incluir indivíduos com diferentes perspectivas, bagagens e abordagens para solucionar problemas, naturalmente faz com que surjam conflitos. Por mais que o confronto direto e os argumentos apaixonados possam fazer com que qualquer equipe perca a concentração na busca de resultados, algumas das melhores ideias surgem quando as pessoas se envolvem em debates acalorados. Muitas vezes, os sócios da Partners In Leadership, seja escrevendo livros ou trabalhando com clientes, acabaram discordando entre si. Mas eles tiveram desenvoltura para lidar com os conflitos. Um pode ter sugerido o que deveria ser feito. O outro pode ter tido uma ideia diferente sobre o assunto. Em vez de permitir que essas diferenças os dividissem, eles aprenderam a tirar proveito delas. Acabaram chegando a um ponto em que situações desafiadoras que provocam discordâncias se tornaram prazerosas. Notaram que isso permitiu que os dois, e aqueles com quem trabalhavam mais diretamente, se tornassem uma equipe Acima da Linha altamente eficaz. O que eles descobriram? Eles descobriram que, mantendo uma postura Acima da Linha em suas discussões, havia sempre uma terceira e melhor alternativa do que qualquer uma das soluções sugeridas anteriormente. Trabalhando juntos e buscando aprender mutuamente, refinaram seu processo e descobriram que as melhores soluções geralmente surgem a partir de debates acalorados.

No Capítulo 7 exploramos como Líderes Acima da Linha ajudam os outros a se elevarem e permanecerem Acima da Linha. Continue abordando o poder do accountability para causar impactos sobre os Resultados-chave, independentemente se oferece coaching para toda a equipe ou em sessões individuais. Um coaching eficaz conta com feedback respeitoso e construtivo e infunde uma profunda valorização do poder do accountability.

Uma administradora de um hospital, que tivemos como cliente, monitorava o trabalho de uma supervisora de enfermagem. Ela sabia que essa supervisora tinha a tendência de fazer muitos rodeios em uma postura Abaixo da Linha. Depois de participar do Treinamento de Accountability do *Princípio de Oz*, a administradora conclamou a supervisora a tentar demonstrar uma abordagem Acima da Linha em seu trabalho e apresentar um relatório quando seu próximo turno terminasse. Extraímos um trecho do e-mail da supervisora enviado a sua chefe. Por mais que seja um pouco longo, incluímos o trecho, pois ele demonstra como o feedback construtivo fornecido em uma sessão de coaching é capaz de promover diversas experiências que reforçam o poder propulsor do accountability. Ela escreveu o seguinte:

> Em vez de concordar com o grupo e participar de conversas negativas, tentei, durante todo o turno, fazer perguntas para redirecionar o foco.
>
> Por exemplo, uma nova funcionária disse às 23h que a noite de sábado tinha sido a pior noite de sua vida. Ela teve a sensação, durante todo o turno, de que não havia nenhum preceptor (supervisor de turno) à sua volta. Minha vontade foi de me portar Abaixo da Linha apontando todas as formas de interação que eu e o preceptor do turno mantivemos com ela. Em vez disso, me afastei por 20 minutos, organizei meus pensamentos e a procurei novamente. Pedi que ela falasse sobre como havia se sentido naquela

noite, por que achava que aquela havia sido sua pior noite e por que teve a sensação de que não tinha preceptor por ali. Acabamos discutindo por 20 minutos e terminamos nos sentindo melhor.

Depois, perguntei a uma enfermeira: "Como você está?" Ela me respondeu que estava cansada das coisas e que muito em breve pediria demissão. Falou isso na frente de outras pessoas. Não procurei saber o que tinha acontecido. Após evitá-la por algumas horas, retornei e disse: "Você parece frustrada. Gostaria de falar sobre isso?" Tivemos uma boa conversa. Aparentemente, ela enfrentava problemas familiares, e sua frustração realmente não tinha nada a ver com o trabalho ou comigo.

Sim, agora que tenho noção das minhas atitudes, muitas vezes percebo que estou Abaixo da Linha. Por exemplo, eu tinha o costume de deixar certas tarefas para o próximo turno, mas, agora que tenho accountability por essas coisas, termino-as antes de ir para casa.

Tarefas: Sou capaz de instruir as pessoas a falarem com a "enfermeira encarregada" caso se trate de uma tarefa difícil, em vez de ficar ouvindo-as reclamar.

Estava conversando com um funcionário que começou a atacar a mim e minhas atitudes. Minha primeira reação foi ficar na defensiva. Comecei a agir Acima da Linha, praticando escuta ativa e descobrindo qual era o problema e, então, tomei atitudes quanto a isso. Reconheci que um membro da equipe estava ocupado e que o dia estava cheio. Porém, a princípio, não ofereci assistência a ele. Refleti e, logo depois, passei a agir Acima da Linha, permitindo-me oferecer ajuda. Obrigada por sua liderança e ajuda.

Accountability se tornou um tema muito importante para a administradora do hospital e para a supervisora de enfermagem, ditando o ritmo que dominou seus trabalhos dia após dia, pelo restante de suas carreiras. Ajudando-as nos piores momentos e impulsionando ainda mais quando tudo corria perfeitamente. Mais tarde, a supervisora confessou à administradora do hospital: "Agora percebo que viver Abaixo da Linha é como combater uma espécie de câncer terrível sem ter esperança de remissão."

3. Faça Perguntas Acima da Linha Fundamentais

Colocamos em cada capítulo deste livro uma pergunta básica que você deve fazer à medida que avançar nos Passos do Accountability. No Capítulo 7, no qual aplicamos o conceito de accountability à liderança, sugerimos a você manter essas questões em mente conforme desenvolvesse suas habilidades como Líder Acima da Linha. Equipes Acima da Linha também devem incorporar essas perguntas em seu trabalho diário.

Perguntas Acima da Linha Fundamentais

- Estamos demonstrando o verdadeiro accountability?
- Estamos avançando em direção aos Resultados-chave que devemos alcançar?
- Reconhecemos a realidade completa dessa situação?
- Acabamos agindo Abaixo da Linha em quais questões relacionadas aos Resultados-chave?
- Podemos identificar onde precisamos nos envolver mais diante da realidade atual?
- O que mais podemos fazer para conquistar os resultados necessários?
- Quem fará o que e quando?

EQUIPES ACIMA DA LINHA

O gerente de vendas distrital de uma empresa farmacêutica global que atuava no bairro do Brooklyn não pôde acreditar que a equipe que havia assumido recentemente tinha ficado em último lugar na classificação dos 57 distritos da empresa. Em uma reunião com seus representantes de vendas para discutir o problema, ele ouviu as desculpas de costume: "Estou fazendo tudo o que posso" e "O marketing não está nos ajudando como deveria. E não somos os únicos que acham isso. Toda a equipe de campo está mais do que frustrada com o marketing!". Parecia que a equipe realmente esperava fracassar. O gerente de vendas nos disse: "Eu simplesmente não conseguia ver uma saída daquela bagunça." Então, um dia, ele pegou O Princípio de Oz, um livro que havia sido recomendado por um antigo mentor. Naquela noite, deitado em sua cama, continuou folheando páginas até que se sentou e disse em voz alta: "Preciso examinar meu *próprio* coração. Não posso responsabilizar minha equipe por resultados melhores a menos que eu me responsabilize. Quando se trata de apresentar resultados, preciso ser um exemplo exato daquilo que espero dos outros."

Essa percepção o levou a fazer as perguntas que consideramos fundamentais em todas as reuniões de equipe e individuais. A equipe gradualmente passou a agir e pensar com accountability. Em um ano, o distrito havia melhorado drasticamente o número de vendas e esperava um desempenho ainda melhor para o ano seguinte. Estabeleceram-se novas crenças. Deixando as desculpas de lado, os olhos baixos dos membros da equipe passaram a mirar alto, enxergando um futuro brilhante à frente. Ano após ano, o desempenho da equipe continuou melhorando até que o distrito levou para casa o prêmio de melhor desempenho em sua divisão. Nos anos seguintes, o distrito desse gerente nunca mais saiu dos dez primeiros. Nesse período, ele foi promovido a gerente de vendas regional e, por fim, a presidente da divisão. Por mais que isso o agradasse, ele se orgulhava ainda mais do fato de muitos de seus representantes de vendas distritais também terem assumido cargos de maior responsabilidade na indústria. Como consequência de sua própria liderança em uma equipe mais jovem, ensinando-os a trabalhar, agir e viver Acima da Linha, ele foi responsável por toda uma nova geração de líderes de equipe Acima da Linha.

Como já avisamos, lembre-se de que coisas ruins podem e realmente acontecem com boas equipes. A economia piora, os clientes se seguram, a concorrência revoluciona e muda o jogo, a vida pessoal de alguém passa por problemas, a liderança espera que você faça o impossível, o exemplo que preferir. Mas você não pode deixar que essas coisas ruins paralisem você ou à sua equipe. Equipes Acima da Linha tomam as rédeas do que vier. Eles agem com accountability para alcançar seus Resultados-chave.

Desempenhando o Accountability da Forma Certa: Equipes que Não Desistem Nunca

1. Os líderes seniores de uma grande empresa do ramo de pizza decidiram instituir equipes de cultura. As equipes são formadas por grupos internacionalmente variados, com cinco ou seis membros de diferentes níveis de empresa em cada. Essas equipes se reúnem uma vez por semana para conversar sobre tudo e qualquer coisa, desenvolvendo mais compreensão, alinhamento e conexão por toda a empresa.

2. Três enfermeiras se sentiram frustradas e derrotadas pela falta de apoio que sentiam da equipe de liderança de seu hospital. Elas se preocupavam com seus pacientes, mas perceberam que, cada vez mais, paravam de trabalhar para reclamar entre si sobre todos os problemas da unidade. Depois de permitir que esse comportamen-

to com o tempo ganhasse força, uma das enfermeiras disse o que pensava: "Acho que passamos muito tempo Abaixo da Linha e não me sinto bem quanto a isso." As outras concordaram e decidiram, naquele momento, começar a fazer a diferença, tomando atitudes, dentro de seu controle, para melhorar a unidade. Em seis meses, a unidade passou de mediana para líder de todo o hospital em satisfação do paciente. Nada na organização como um todo havia mudado; tinham os mesmos recursos e os mesmos desafios. No entanto, essas colegas decidiram mudar a cultura de sua equipe e isso se espalhou rapidamente. Em pouco tempo, todos queriam trabalhar nessa unidade.

3. O VP de operações de uma empresa de segurança cibernética aproximou dois departamentos que não se entendiam levando-os ao boliche. Quando os dois grupos finalmente entraram no ônibus, começaram a conversar. Primeiro veio a conversa fiada. Então passaram a ter conversas reais. As barreiras começaram a cair. O boliche se tornou um ritual mensal.

4. O CEO de uma companhia de viagens e o treinador de rugby de maior sucesso nos Estados Unidos implementaram um "porquê" e um "o que" à colaboração multifuncional. "O segredo da vitória das equipes é que todos, em cada uma das posições, entendam o que as outras posições estão fazendo e o motivo pelo qual estão fazendo aquilo."

Capítulo Nove

CULTURAS ACIMA DA LINHA

Criando a Melhor Vantagem Organizacional

Uma grande empreiteira de defesa, com sede no sudoeste dos Estados Unidos, contratou-nos para ajudá-la a resolver o que o CEO da empresa chamou de "o pior desastre de nossa história". Fizemos uma entrevista inicial por telefone para tentar identificar o problema. Perguntamos a ele: "Qual é o maior obstáculo que os impede de obter melhores resultados?" O CEO respondeu quase antes de terminarmos a pergunta.

"A ISGM está perdendo o rumo."

"ISGM?"

"Implementação do Sistema de Gestão de Materiais, ou ISGM [MMSI na sigla em inglês], chamamos por aqui de 'Missy'."

Conforme nos aprofundamos na situação da ISGM, todos os líderes mais importantes nos disseram o mesmo. "Passamos 18 meses e gastamos milhões de dólares tentando colocar esse sistema em funcionamento e, quanto mais forçamos, pior fica." Tudo dependia de a ISGM funcionar corretamente, porque a empresa precisava dos dados de inventário exatos que só ela poderia fornecer, permitindo que os líderes tomassem decisões de fabricação cruciais que afetariam o futuro da empresa. A ISGM precisava funcionar de forma adequada para que a empresa se mantivesse lucrativa e competitiva.

O CFO da empresa colocou a questão de maneira sucinta: "Contamos com um sistema de inventário que já tem 20 anos. Precisamos de dados precisos em tempo real sobre tudo e, se não o tivermos, acabaremos com atrasos na fabricação com os quais simplesmente não podemos arcar." O sistema antigo vinha apresentando falhas, mas a empresa que o desenvolveu passou por tantas fusões e aquisições que não fornecia mais o suporte adequado para mantê-lo funcionando sem problemas. O pior é que o fornecedor dissera à empresa, pouco antes, que encerraria completamente seu suporte muito em breve. Futuramente, a empreiteira ficaria por conta própria quanto ao Sistema Antigo.

Claramente, a empresa precisava aposentar o sistema que usava e colocar a ISGM em prática antes que o Sistema Antigo e os possíveis problemas que ele poderia causar consumissem toda sua verba. Por saberem que seu futuro dependia da ISGM, os líderes seniores presumiram que todas as outras pessoas sabiam da importância dessa medida. Eles esperavam que todos da organização fizessem uma fila para ajudar no problema. Porém, quando fizemos a pesquisa pela empresa, os dados que coletamos revelaram que as pessoas em geral não concordavam com a necessidade do novo sistema. As pessoas basicamente resumiram toda a conversa sobre o novo sistema como "a mesma reclamação de sempre da gerência. Eles querem um sistema novo em folha quando o antigo funciona perfeitamente". Basicamente, o pessoal da empresa achava o seguinte:

1. O Sistema Antigo sempre funcionou! Não precisamos consertar algo que não está quebrado!
2. Nós podemos oferecer ajuda quanto ao Sistema Antigo sem precisar do suporte do fabricante.
3. A ISGM era complicada demais para ser implementada no tempo estipulado.

Em resumo, essas ideias, por mais imprecisas que fossem, contribuíam e incentivavam para que a ISGM perdesse completamente o rumo. À medida que ajudávamos os líderes da empresa a entender que essas crenças enraizadas estavam dificultando que a implementação da ISGM fosse bem-sucedida, eles começaram a se esforçar para entender melhor o problema. Eles desvendaram uma série de fatos consecutivos interessantes que aconteciam durante a ISGM. Ao ler esta lista, preste atenção na conexão implícita entre as ideias das pessoas e a maneira como agem.

- As pessoas sabotavam o projeto para valorizar o Sistema Antigo.
- Demonstravam estar confusos a todo momento: "Não entendo. A ISGM é muito complicada."
- Pessoas de extrema importância estavam faltando às reuniões-chave regularmente.
- As importantes informações sobre a razão de ser da ISGM não foram compartilhadas além dos cargos mais altos da empresa.
- Qualquer erro ou contratempo eram compartilhados por toda a organização, enquanto casos de sucesso foram basicamente ignorados.

Por 18 meses as impressões negativas acerca da ISGM cresceram. A frustração se tornou desdém. O pessimismo alastrou-se de forma desenfreada. Ninguém conseguia encontrar coragem para enxergar o problema real. Não havia quem estivesse realmente investido no projeto. Solucionar os problemas ligados à implementação de fato, era algo do qual todos se esquivavam.

Mas eis a parte realmente triste. Uma pequena pesquisa revelou que milhares de organizações em todo o mundo, de complexidade semelhante à da empreiteira, haviam introduzido e integrado o ISGM sem problemas. Por que então a empresa, que literalmente contava com cientistas espaciais e tinha funcionários tão inteligentes e trabalhadores quanto os de qualquer outra empresa de grande porte, não conseguia o mesmo? Resumindo em uma palavra, a resposta era CULTURA. Esses cientistas espaciais obviamente poderiam descobrir como fazer o ISGM funcionar se não fossem reféns de suas ideias.

Você Proporciona as Experiências Certas para Moldar as Crenças de Cultura?

Se você foi mordido por um cachorro quando criança, pode quando adulto considerá-los perigosos. Para mudar essa crença, você definitivamente precisará de novas experiências com cachorros dóceis que abanam o rabo em vez de morder tornozelos. Pode parecer extremamente óbvio, mas quando se trata de cultura corporativa, líderes frequentemente negligenciam esse fato básico do comportamento humano — as experiências criam crenças e nossas crenças influenciam nossas ações. Se a crença comum em sua cultura atual é de que a nova iniciativa enxuta reflete somente o apreço da liderança por qualquer modinha que apareça, essa crença advém de um conjunto de experiências anteriores. As pessoas que foram designadas à tarefa de implementar a nova iniciativa acreditam que existem poucas razões para se dedicarem de corpo e alma a ela, pois a empresa sempre embarcou em todas as modas de gestão que surgiram, para abandoná-las em detrimento da próxima grande tendência. As pessoas sorriem e acenam demonstrando condescendência e continuam trabalhando da mesma forma de sempre. Para mudar tal crença, você precisará proporcionar experiências que provem o valor da nova iniciativa e o compromisso da liderança em levá-la à frente. Por que estamos fazendo isso? Quais serão os resultados de sua implementação bem-sucedida? O que acontecerá se isso der errado? Será preciso mais do que um cartaz para mudar essas crenças. *Líderes não podem sugerir que as pessoas mudem suas crenças e esperar que assim o façam. Em vez disso, os líderes devem proporcionar as experiências necessárias para moldar as novas crenças desejadas.*

Mostramos a nossos clientes a metodologia capaz de criar Culturas Acima da Linha, imbuídas de accountability, por meio deste modelo simples, porém poderoso:

Figura 9.1
A PIRÂMIDE DE RESULTADOS

Resultados
Ações
Crenças
Experiências

O modelo apenas aparenta ser profundo. Sugere que experiências formam crenças, crenças levam a ações e ações produzem resultados. Também sugere que a maioria dos líderes se dedica somente às duas camadas superiores (Resultados e Ações), ignorando as duas camadas inferiores (Crenças e Experiências). Consequentemente, os líderes passam a maior parte do tempo tentando alcançar melhores resultados, centrando-se na maneira pela qual as pessoas agem. Eles criam planos de ação, divulgam novas listas de verificação, reescrevem os procedimentos operacionais padrão etc., ignorando que as crenças pessoais determinarão como cada um se comporta em longo prazo.

Muitos líderes usam as palavras *cultura* e *accountability* sem prestar muita atenção em seus verdadeiros significados. A essa altura, você sabe que definimos o accountability como uma força propulsora positiva e poderosa, capaz de levar as pessoas aos resultados que buscam. Definimos cultura como a soma total das experiências, crenças e ações que permitem que uma organização alcance seus Resultados-chave.

A cultura de uma empresa é a soma das experiências, crenças e ações que permitem alcançar seus Resultados-chave ou impedem de conquistá-los.

A cultura certa praticamente garante o sucesso, já a errada quase sempre leva ao fracasso. Trabalhamos com equipes de liderança por anos buscando entender e agregar essa verdade: ou você controla sua cultura ou ela controlará você. Trabalhamos recentemente junto a um líder do setor de assistência médica, responsável pelo departamento de emergências (DE) [equivale no Brasil a um Pronto-Socorro] de um famoso hospital do litoral da Costa Leste dos EUA. Assim como em todas as operações de emergência do hospital, seu departamento permanecia constantemente em alerta e lidava com situações médicas de vida ou morte. Toda a equipe do DE era extremamente dedicada, bem treinada e competente.

Todos desempenhavam um ótimo trabalho. No entanto, a administradora do departamento queria alcançar um dos principais Resultados-chave: aumentar o índice de coleta de contatos de emergência que era apenas 42% para algo próximo de 100%. Por que isso era importante? Suponhamos que a Paciente A tenha sido levada para a emergência sofrendo risco de vida por conta de um ferimento no peito. A equipe tomaria todas as providências para estancar o sangramento e salvar a vida dela. Para aumentar as chances de sucesso, eles precisariam começar o atendimento verificando algumas informações vitais, como pressão arterial, frequência cardíaca e tipo sanguíneo. Imediatamente depois, precisariam de algumas informações adicionais, igualmente importantes, sobre a Paciente A: seus medicamentos de rotina atuais, histórico médico, parentes mais próximos, quaisquer cirurgias anteriores e assim por diante.

A administradora do DE investigou a raiz do problema da coleta de contatos de emergência. Os formulários de admissão de pacientes, por sua vez, eram muito complicados e confusos de preencher, uma vez que a equipe estava ocupada trabalhando para salvar vidas. *Já sei*, ela pensou, *só preciso desenvolver um formulário que seja muito mais simples e fácil de preencher!* Ela trabalhou cuidadosamente no novo formulário e solicitou sua tradução para as línguas mais comuns entre pacientes que não falavam inglês. Quando sentiu que estava bom o suficiente, programou uma série de sessões de treinamento para toda a equipe. Desde o momento que ela identificou a causa do problema, passaram-se três meses até que a solução fosse implementada. Ela merece parabéns por isso, certo? Talvez não. Observe os resultados quatro meses após a implementação dos novos formulários de admissão. A coleta de contatos de emergência passou de 42% para apenas 47%.

Basta olhar para a Pirâmide de Resultados para entender o motivo pelo qual os resultados eram insuficientes. O que um líder acaba ignorando quando escolhe gerenciar uma pirâmide que tem apenas dois níveis de profundidade? No balanço final, eles estão ignorando o fato de que as pessoas pensam (Crenças) e que existem razões por trás de seus pensamentos (Experiências). A administradora do DE ficou arrasada com a falta de progresso na coleta de dados. "Todo esse tempo e esforço, e praticamente nenhum reflexo nos números. Minha equipe está muito triste!"

Observando a Pirâmide de Resultados, pedimos que ela pensasse no que tinha consumido seu tempo enquanto se concentrava em melhorar a coleta de contatos de emergência. Ela notou rapidamente que havia se concentrado apenas em ações: reescrever formulários, conduzir treinamentos, mudar regras e instruir as pessoas a adotarem o novo processo. Enquanto se dedicava às ações, a administradora ignorou o fato de que seu pessoal acreditava que "coletar todas essas informações não ajudaria a melhorar o trabalho". Ela não havia se dedicado aos níveis de Crenças e Experiências da Pirâmide de Resultados.

Assim, por mais que ela passasse o mês todo treinando as pessoas de acordo com seu novo processo de coleta de dados, acabaria vendo pouco progresso geral. Se ela não detectasse e lidasse com a crença fundamental de que a coleta de dados de contatos de emergência não fazia diferença, era como se estivesse tentando ensiná-los a voar. Uma das enfermeiras do departamento fez um comentário após o treinamento que resumiu perfeitamente a situação problemática: "Esse treinamento em coleta de contatos de emergência foi muito útil. Usarei esse sistema se precisar dessas informações algum dia." Observe o importante trecho na fala da enfermeira: "se precisar dessas informações algum dia." Em meio a essas palavras está a crença fundamental de que, no calor do momento, coletar essas informações fica atrás de qualquer outra consideração. Por não ter partido da base da Pirâmide de Resultados, a administradora do DE se deixou cair na "armadilha da ação", na qual os líderes confundem ações em excesso com ações reais que levem a resultados.

Os líderes tendem a cair na armadilha da ação, que ajuda muito pouco as pessoas a alcançar e manter os resultados ao longo do tempo.

Princípios de Mudança Cultural

Assim como para a administradora do DE, quando se trata de mudar as crenças de sua equipe para alcançar um Resultado-chave, estes três princípios se mostram bastante úteis:

1. Experiências Mudam Crenças.
2. O Viés de Crença, assim como a Narrativa Organizacional, Precisa ser Identificado e Controlado.
3. Líderes Devem Introduzir o Accountability na Cultura.

1. Experiências Mudam Crenças

Para que haja uma mudança acerca de uma crença negativa que atualmente o impede de alcançar os Resultados-chave, é preciso fazer algo a respeito de sua causa. Você precisa substituir as experiências que formaram essas crenças por aquelas que inspirarão as ações necessárias para conquistar o resultado. As experiências podem ser criadas dentro de uma organização de três formas: a partir do contato em primeira mão ou pessoalmente, por intermédio das histórias que contamos ou ouvimos, e com práticas, políticas e procedimentos diários.

No caso da administradora do DE, ela optou conscientemente por contar duas histórias importantes que levaram as pessoas a acreditar que realmente precisavam coletar os dados de admissão esperados. Relembrando alguns eventos memoráveis que aconteceram no departamento de emergências nos últimos dois anos, ela escolheu dois exemplos especialmente significativos de como a coleta de informações de contato de emergência poderiam fazer uma diferença capaz de salvar vidas.

Primeira História

Uma estudante universitária foi levada ao pronto-socorro depois de ser atingida em sua bicicleta por um carro. Eles não solicitaram contatos de emergência na admissão. Enquanto a equipe de emergência cuidava de seus ferimentos, ela ficou inconsciente e não respondia às perguntas. Eles não conseguiram fazê-la acordar. Ela acabou falecendo. Logo depois, descobriram que ela tinha uma condição médica da qual não tinham o menor conhecimento. Se estivessem cientes da condição, teriam mudado o tratamento que lhe foi prestado. Isso não garantiria um resultado diferente, mas teria aumentado muito suas chances de sobrevivência.

Segunda História

A equipe conseguiu coletar todas as informações do formulário de admissão de um senhor que foi levado ao pronto-socorro. Logo após começarem o tratamento, o estado dele piorou misteriosamente. Uma enfermeira sagaz encontrou o número de telefone da filha do paciente no formulário e ligou para perguntar se havia mais alguma coisa que a equipe deveria saber sobre o histórico médico de seu pai. "Sim!", disse a filha. "Três semanas atrás, ele passou por um procedimento médico que não consta nessa sua lista." Enquanto discutiam sobre o procedimento e a medicação que estavam sendo usados, rapidamente perceberam que aquilo que estava sendo feito não era compatível com o que o paciente tomava. Esse conhecimento mudou a abordagem do tratamento, garantindo que não houvesse conflito de medicamentos. Rapidamente o paciente respondeu ao novo tratamento e eles conseguiram salvar-lhe a vida.

A administradora do DE contou diversas vezes essas histórias para seu pessoal ao longo de três semanas. Então, verificou novamente as estatísticas para conferir se eles haviam agido da maneira que esperava. Seu coração disparou quando viu o resultado: um incrível aumento de 47% para 92%. Ela havia escapado da armadilha da ação. As experiências compartilhadas geraram todos os resultados que o treinamento formal não foi capaz de produzir. Foi algo quase mágico. Quando você cria as experiências certas, elas são capazes de moldar as crenças certas e as pessoas tomam as atitudes certas para que os resultados necessários sejam alcançados. Ao trabalhar a partir da Pirâmide de Resultados inteira e se dedicar a dar a devida atenção às duas camadas inferiores, Crenças e Experiências, você cria um ambiente no qual as pessoas apresentam os comportamentos desejados — não porque sua participação é exigida por políticas ou procedimentos, mas porque suas ações são guiadas pelas crenças necessárias.

2. Controle o Viés de Crença e a Narrativa Organizacional

A Pirâmide de Resultados também fornece insights sobre um fenômeno que os psicólogos chamam de "viés de confirmação", a inclinação natural dos seres humanos de acreditar que os eventos validam suas crenças atuais. Em nosso trabalho, usamos o termo *viés de crença*. Isso funciona da seguinte forma. Se você acredita em algo, aceitará qualquer nova informação que apoie sua crença sem questionar. Se você não acredita em algo, ignorará as informações que sugerem que deva mudar de opinião.

Quando se cria ou compartilha experiências feitas com o intuito de formar novas crenças, deve-se assumir que as pessoas olharão para elas a partir dos preconceitos que já carregam. É preciso atenção para detectar e lidar com esses preconceitos. Por exemplo, digamos que você esteja a caminho de seu trabalho pronto para agir de acordo com "a maneira como fazemos as coisas por aqui". Em outras palavras, seu viés de crença está alinhado à cultura atual. Se os líderes da empresa estão se empenhando na criação de uma nova Cultura Acima da Linha, eles tentarão proporcionar experiências Acima da Linha a você e todos aqueles que apoiam a nova forma de pensar e agir. Você pode considerar as experiências esclarecedoras, mas você e seus colegas podem facilmente voltar a reproduzir padrões antigos que mantêm todos Abaixo da Linha. Suponhamos que seu chefe preveja essa possibilidade e o chame para uma conversa individual, explicando a natureza do viés de crença e pedindo que esteja aberto às mudanças que a empresa deseja que as pessoas façam acerca de suas formas de pensar e trabalhar. Seu chefe diria algo como: "Estou pedindo que olhe para essa iniciativa de mudança cultural pela minha perspectiva. Acredito firmemente que desempenhar accountability pessoal por essa mudança de cultura será bom para você, para nossa equipe e para toda a empresa, pois melhorará completamente nossos resultados."

Obviamente, você não pode simplesmente dizer "você deve demonstrar pensamentos e comportamentos Acima da Linha agindo individualmente de acordo a nova cultura" e esperar que isso baste. Durante a mudança cultural, enfrenta-se diversas armadilhas e obstáculos para permanecer Acima da Linha, mas nada interrompe mais essa jornada do que se apegar a velhos vieses de crença. Se você compreende o quanto os vieses de crença influenciam o comportamento humano e espera batalhar por mudanças nos vieses presentes e passados, tanto seus como de terceiros, você já está no meio do caminho para superá-los.

Recentemente, ajudamos outro grande hospital, localizado em uma metrópole, a implementar um processo de desenvolvimento de uma Cultura Acima da Linha. Para medir nosso sucesso, analisamos as oscilações no Índice de Satisfação do Paciente, principalmente porque, nos Estados Unidos, as taxas de reembolso do governo dependem dessa pontuação. Mas o Índice de Satisfação do Paciente também levava em conta dois Resultados-chave: a experiência do cliente e o desempenho financeiro. Infelizmente, a pontuação crescia a passos de tartaruga.

Assim que iniciamos o trabalho, nossa equipe de consultoria entrevistou 45 funcionários da linha de frente de todas as principais áreas operacionais do hospital. Então, incluímos nossas conclusões em um grande relatório entregue à equipe executiva do hospital. Um tema fascinante surgiu à medida que prosseguimos com nossas entrevistas. Quase todos os entrevistados responderam à nossa pergunta sobre o lento crescimento do Índice de Satisfação do Paciente exatamente da mesma forma: "Não temos funcionários o suficiente para atender nossos pacientes." Em outras palavras, as pessoas culparam a falta de funcionários pelo problema. "Não há como extrair 300 litros de leite de uma só vaca", disse uma enfermeira chefe sorrindo com pesar.

Quando compartilhamos nossas descobertas com a equipe executiva, a resposta dos funcionários os deixou perplexos. "Não pode ser", disse o CEO. "O número de nossos empregados supera o recomendado pelas normas da indústria. E a proporção de enfermeiros por paciente deste hospital é a terceira maior do estado."

Explicamos, então, o paradoxo. "Seus números comprovam que a falta de pessoal não é o motivo da lentidão no avanço, mas seus funcionários ainda acreditam que sim, porque essa desculpa está completamente impregnada na cultura e na narrativa de sua organização." De fato, a narrativa estava tão enraizada que uma enfermeira nos disse que acreditava que a falta de pessoal era um grande problema porque, em suas palavras, "é isso o que todos sempre dizem quando alguém pergunta sobre nosso Índice de Satisfação do Paciente".

Isso parece familiar? "Essa é a maneira como fazemos as coisas por aqui." A equipe executiva queria desesperadamente desenvolver uma Cultura de Accountability, mas não poderiam fazer isso a menos que lidassem com a narrativa organizacional que sustentava a crença de que todos os problemas poderiam ser atribuídos à falta de pessoal. Traduzindo para a linguagem comum do accountability, as pessoas não passariam a agir Acima da Linha a menos que deixassem de lado a narrativa Abaixo da Linha e as crenças que a acompanhavam. Você quer mudar a cultura? Mude a narrativa.

O viés de crença sempre cria narrativas dentro das organizações. A princípio, esse viés pode parecer assustador, quase insuperável. Mas isso não é verdade. O viés de crença pode sempre ser superado, mas é preciso um esforço intencional e concentrado por meio de um processo eficaz e comprovado.

Toda organização tem suas narrativas, aquelas histórias que explicam "a maneira como fazemos as coisas por aqui" ou o isto e aquilo pelo qual alguns problemas acontecem. Líderes precisam identificar e entender essas narrativas antes de tentarem mudar sua cultura organizacional de forma significativa e duradoura. Desenvolvemos um processo de quatro etapas que o ajudará a fazer isso.

Reescrevendo uma Narrativa Organizacional

Passo 1: Identifique a Narrativa

Existem três formas de identificar uma narrativa estabelecida: ouvindo, ouvindo e ouvindo. Deixe de lado suas próprias suposições, sintonize seus ouvidos na frequência da humildade e peça às pessoas que compartilhem histórias que sustentam suas crenças culturais. Não discuta, julgue ou demonstre estar em choque ou perplexo. Pode ser que você precise conversar várias vezes com uma pessoa até que ela se sinta confortável em contar a verdade nua e crua, mas sua paciência será recompensada com uma compreensão mais aprofundada sobre as verdadeiras crenças de seus funcionários e o motivo pelo qual pensam daquele jeito. Observe um bom exemplo de resposta: "Obrigado por sua honestidade sobre os Índices de Satisfação do Paciente. Eu precisava ouvir isso."

Passo 2: Compartilhe Sua Reação à Narrativa

Depois de descobrir a narrativa, compartilhe sua opinião sobre ela com seu pessoal. Expresse sua reação de forma positiva, certificando-se de não demonstrar raiva ou ridicularizá-la, mesmo que ache que a narrativa reflita um pensamento Abaixo da Linha. Por exemplo: "Entendo o motivo pelo qual se sente assim sobre os Índices de Satisfação do Paciente. Eu provavelmente pensaria da mesma maneira se estivesse em seu lugar. Mas acompanhe meu raciocínio por um minuto. Deixe-me compartilhar uma perspectiva diferente."

Passo 3: Defenda a Nova Narrativa de Forma Convincente

Como repetimos constantemente neste livro, você não pode mandar ou forçar uma mudança nas pessoas e esperar que isso gere transformações positivas e duradouras. As pessoas precisam ter a oportunidade de escolher por si mesmas se farão essa mudança. Você deve apresentar argumentos convincentes de que tal mudança é para o bem deles e que essa é a melhor forma de alcançar os resultados necessários. Obviamente, você também precisa passar por essa mudança. Agindo assim, estará criando uma nova e mais poderosa narrativa para substituir a antiga. Por exemplo: "Nossa pesquisa mostra que o déficit de funcionários não explica completamente a lentidão em nosso progresso, mas vamos deixar isso de lado por enquanto. Eu gostaria de falar sobre o St. Mary's Hospital em Detroit. Ele consegue pontuações melhores do que as nossas por mais que tenham uma proporção de enfermeiros por paciente muito mais baixa. Um de seus administradores recentemente compartilhou conosco uma história incrível sobre como conseguir mais com menos."

Passo 4: Incentive Seus Funcionários a Ajudarem na Definição da Nova Narrativa

Em vez de impor à empresa uma nova narrativa, incentive seus funcionários a compartilharem suas crenças capazes de ajudar a compor uma nova narrativa. A maioria de nós gosta de contar e ouvir boas histórias. Por exemplo: "Podem ver por que eu adoro essa história sobre St. Mary's. Gostaria de saber se já viram algo parecido com isso acontecer por aqui nos últimos dois anos. Estamos buscando exemplos que ilustrem essa nova forma de trabalhar."

Quando ouvir uma boa história que apoia a iniciativa de mudança, conte-a novamente sempre que puder e peça a seu pessoal para repeti-la até que se torne parte da nova narrativa. Provavelmente, serão necessárias muitas histórias e muitas semanas ou meses, mas uma nova narrativa surgirá, e essa nova narrativa ajudará a promover a mudança cultural desejada mais do que qualquer memorando e decreto.

3. Introduza o Accountability na Cultura

E se as experiências anteriores fizerem com que as pessoas acreditem que cabeças rolarão sempre que um líder disser: "Quem é o responsável por esse erro?" Obviamente, o viés de crença decorrente provocará todas as ações de costume: invenção de desculpas, acusações e vitimização. Isso sempre leva a resultados decepcionantes. Se você deseja que as pessoas vejam o accountability como uma força positiva e propulsora que nos leva até os resultados, diga isso antes, não depois do acontecimento. "Quem é o responsável por alcançar esse resultado?" Quando isso é dito antes do acontecimento, as pessoas entenderão que o poder de alcançar os resultados está nas próprias mãos. Voluntariamente, elas se esforçarão para obter um resultado satisfatório.

PROPULSOR

Aplicamos as Dezesseis Melhores Práticas associadas aos Passos do Accountability em todos os nossos clientes. Existem quatro práticas para cada um dos Passos do Accountability, permitindo que você catalogue as oportunidades necessárias para introduzir maiores níveis de accountability na cultura de sua equipe ou organização. Dedique um momento para classificar sua organização ou equipe com os pesos A, B, C, D ou F para cada prática. Escolha sua classificação baseando-se no nível de demonstração e integração da respectiva prática em sua equipe ou organização. Responda às perguntas abaixo relacionadas a cada uma das Dezesseis Melhores Práticas para ajudá-lo a escolher a nota mais adequada e precisa.

Dezesseis Melhores Práticas

VEJA

Perguntando aos Outros sobre Suas Perspectivas: _____
(Classificação)

- Quão boa é nossa habilidade de coletar as perspectivas dos outros?
- Aplicamos isso a todos os níveis da nossa organização, assim como às pessoas de fora, como fornecedores, clientes e até concorrentes?

Comunicando-se de Forma Acessível e Honesta: _____
(Classificação)

- Abordamos todos os tópicos importantes — especialmente aqueles que nos deixam desconfortáveis — durante uma reunião em vez de fazê-lo no corredor após a reunião?
- Incentivamos discussões e debates honestos?

Solicitando e Oferecendo Feedback: _____ (Classificação)

- Fazemos do feedback um hábito diário?
- Oferecemos e recebemos feedback com positividade e gratidão?

Escutando as Coisas Difíceis: _____ (Classificação)

- Recebemos a verdade acerca de uma situação sem temer a derrota ou retaliação?
- Reconhecemos os fatos que atrapalham a conquista dos Resultados-chave?

APROPRIE-SE

Demonstrando Dedicação Pessoal: _____ (Classificação)

- Procuramos manter as pessoas envolvidas no que está acontecendo em toda a organização ou permitimos que elas digam: "Isso não é tarefa minha"?
- Buscamos o consenso de que a conquista dos Resultados-chave é uma tarefa para todos?

Aprendendo Tanto com o Sucesso Quanto com o Fracasso: _____ (Classificação)

- Encorajamos as pessoas a se arriscarem a fracassar e aprenderem com erros e reveses?
- Aprendemos com nossos sucessos e recompensamos as pessoas da mesma forma?

Alinhando o Trabalho aos Resultados-chave: _____
(Classificação)

- Todos conseguem ver a relação entre seu trabalho e os Resultados-chave?
- As pessoas alinham suas prioridades no trabalho a esses Resultados-chave?

Tomando Atitudes acerca do Feedback: _____ (Classificação)

- Expressamos nossa disposição de agir de acordo com o feedback que recebemos?
- Esperamos que os outros tomem atitudes acerca do feedback que fornecemos?

SOLUCIONE

Perguntando a Todo Momento "O que Mais Posso Fazer?":
_____ (Classificação)

- Enfatizamos a diferença entre "mais" e "a mais"?
- Enfatizamos a necessidade de solucionar os problemas de forma criativa e gerar inovação?

Colaborando por Meio das Fronteiras Funcionais: _____
(Classificação)

- Buscamos remover os silos que causam obstrução?
- Nutrimos uma comunicação e uma colaboração multifuncional?

Superando Obstáculos: _____ (Classificação)

- Procuramos formas de superar ou evitar obstáculos que impedem o sucesso?
- Recebemos de braços abertos novas ideias arrojadas sobre como resolver problemas?

Correndo os Riscos Necessários: _____ (Classificação)

- Corremos riscos por mais que falhar seja uma possibilidade?
- Incentivamos e recompensamos aqueles que assumem os riscos de forma calculada?

FAÇA

Colocando Minhas Promessas em Prática: _____ (Classificação)

- As pessoas estão colocando suas promessas em prática?
- Saímos das reuniões com listas de medidas que especificam quem fará o que e quando?
- Fazemos um follow up dessas promessas?

Manter-se Acima da Linha sem Culpar os Outros: _____ (Classificação)

- Desaconselhamos as pessoas a inventarem desculpas e culpar os outros?
- Apontamos respeitosamente quando as pessoas vacilam agindo Abaixo da Linha?

Identificando o "Quem" em "Quem Fará o Que e Quando?":
_____ (Classificação)

- Definimos as funções antes e durante uma reunião?
- As pessoas aceitam novas funções quando preciso?

Desenvolvendo e Cultivando um Ambiente de Confiança:
_____ (Classificação)

- Imprimimos humildade, honestidade e respeito em nossas interações com outros?
- Deixamos claro que esperamos o mesmo das outras pessoas?

Adotar e aperfeiçoar essas Dezesseis Melhores Práticas auxiliarão você a criar uma Cultura de Accountability, o melhor presente que pode dar à sua organização. Vale a pena repetir: ou você controla sua cultura ou ela controlará você.

Desempenhando o Accountability da Forma Certa: Gerencie Sua Cultura

1. Um grande restaurante de refeições casuais impôs uma moratória que duraria o ano todo a qualquer novo "Projeto de TI" até que os níveis atuais de estabilidade em suas plataformas de tecnologia existentes atingissem certos níveis. O CEO passou uma clara mensagem de que a cultura da empresa reforça a execução das prioridades atuais, sem que outras distrações possam comprometer uma implementação bem-sucedida.

2. A equipe de liderança de uma cooperativa de crédito no sudeste dos Estados Unidos se revezou em turnos exercendo a função de caixa de banco em suas agências. A intenção da equipe era entender melhor a experiência do cliente por meio do contato pessoal. Essa experiência exemplificou uma Cultura de Accountability e a tornou visível para todos os funcionários da empresa.

3. Trabalhamos com o diretor de operações de uma grande empresa de equipamentos médicos que sempre dava início à reunião de liderança executiva perguntando: "Qual feedback recebido esta semana você achou valioso e o que está fazendo sobre isso?" Ao fazer essa pergunta consistentemente, ele reforçava a crença de que estava totalmente comprometido em desenvolver líderes que pudessem Ver de forma eficaz e coerente. Ele desenvolveu um ambiente rico em feedback e criou uma Cultura de Accountability na qual os resultados prosperaram.

4. Um chefe de vendas de produtos farmacêuticos, responsável por um medicamento que gerava US$8 bilhões por ano, reunia sua equipe de liderança uma vez a cada trimestre. Em seus encontros, eles se classificaram de acordo com as Dezesseis Melhores Práticas divididas em Ver, Apropriar-se, Solucionar e Fazer. Rapidamente chegaram à conclusão de que esse exercício proporcionava conversas mais sinceras e acessíveis sobre seus negócios. Essas conversas mantiveram o crescimento dos negócios, por mais que especialistas tivessem feito previsões terríveis sobre as consequências do surgimento dos medicamentos genéricos no setor.

Conclusão

FAÇA DISSO "A MANEIRA COMO FAZEMOS AS COISAS POR AQUI"

Apresentamos na Introdução um breve resumo do *Princípio de Oz*, que pode ajudá-lo a tornar o Accountability a "maneira como fazemos as coisas por aqui", independentemente de com quem ou onde estiver.

> Você só pode guiar seu próprio destino assumindo total accountability por seus pensamentos, sentimentos, ações e resultados; caso contrário, alguém ou algo tratará de fazê-lo por você.

Esperamos que tenha gostado de sentir o impacto que a implementação do *Princípio de Oz* pode causar sobre você, sua equipe e sua organização. Recomendamos também que use tanto o livro *Propulsor* quanto o aplicativo *Propeller* [conteúdo em inglês] para acelerar e apoiar as mudanças necessárias em você e nas pessoas com quem trabalha, a fim de alcançar os resultados desejados, ano após ano.

Para finalizar, baseados no espírito da pergunta "o que mais podemos fazer?", gostaríamos de deixá-lo com uma última história que personifica o poder positivo e propulsor do *Princípio de Oz*.

Mike Stenson, vice-presidente sênior de vendas em uma empresa farmacêutica especializada, identificou um problema sério em seu território de St. Louis. O índice de desempenho das vendas havia caído drasticamente. Quando Mike ligou para o gerente da região, "Joe", para discutir a situação, ouviu uma série de explicações sobre o motivo do baixo desempenho no local.

"Nunca esquecerei essa conversa", lembra Mike. "Joe foi rápido no gatilho disparando uma lista com todas as razões pelas quais não havia conseguido vender nossos produtos no território de St. Louis." Durante 30 minutos, ele demonstrou um comportamento Abaixo da Linha culpando o departamento de marketing, a falta de liderança desde os executivos de alto escalão ao gerente regional, os pesquisadores que haviam falhado em desenvolver produtos de maior qualidade e até mesmo o clima. "Tem sido a primavera mais chuvosa e fria de todos os tempos." Mike sorriu para si mesmo, pensando: *acho que Joe seria um vendedor de sucesso, se ao menos ele tivesse...*

Talvez St. Louis realmente fosse um buraco negro. Talvez sua empresa devesse direcionar seus esforços para outro lugar. Então, Mike abriu a cortina e viu a verdade. Joe tinha sido perdidamente sugado por uma narrativa sedutora, porém falsa. "É uma situação impossível. Não é minha culpa. Meu território realmente não dá lucro. Se ao menos a empresa me fornecesse mais recursos. Eles não estão sendo suficientemente claros sobre a estratégia." Quando a ligação terminou, Mike percebeu que precisaria encontrar outra pessoa para liderar o território de St. Louis.

Depois de aconselhar Joe a procurar um emprego que fosse mais adequado a seus talentos, ele o substituiu por uma experiente vendedora chamada Sandy Crouch. Ela assumiu seu novo emprego com um histórico impressionante. Ela já havia vendido de tudo, de eletrodomésticos a rolamentos de esferas na região de St. Louis. Impressionado com sua atitude proativa e sua ânsia de mostrar seu talento em meio a um território conturbado, Mike lhe deu um prazo de seis meses para mudar as coisas.

As primeiras conversas que conduziu com compradores em potencial revelaram que as pessoas não confiavam muito nos produtos da empresa, em grande parte devido à falta de informações concretas sobre eles. A percepção da marca nos produtos da empresa era tão baixa que ela decidiu que precisaria começar do zero, fingindo que estava vendendo produtos em nome de uma startup novíssima.

Seis meses depois… Mike identificou um aumento drástico nos pedidos de vendas de St. Louis. A princípio, Sandy relatou que choviam novas parcerias, uma ou duas vendas por semana, mas em pouco tempo a chuva se tornou uma cachoeira, e a cachoeira se tornou uma inundação. Com nove meses sob a administração de Sandy, o território acumulava números recordes, e um ano depois havia ultrapassado todos os outros territórios da empresa em novas receitas. Dentre aqueles que aplaudiram Sandy quando ela subiu ao pódio no Circle of Excellence Awards, evento anual da empresa, para receber um Crystal Goblet Award por suas realizações, Mike era o mais empolgado.

Após o banquete, Sandy explicou a mudança. "Sabia que estava assumindo um território bastante complicado, e os primeiros meses foram um pesadelo. Nenhuma porta se abria para mim. Mas decidi que continuaria batendo até conseguir um novo cliente. Passava as noites em claro, imaginando o que mais poderia fazer para convencer nem que fosse *um* cliente a experimentar nossos produtos. Eu me envolvi mais com P&D e marketing, pesquisei exaustivamente sobre a concorrência e recorri tanto aos seus conselhos e de nossos outros representantes que você provavelmente pensou que eu era uma chata. Mas consegui a primeira venda e fui com tudo. Eles deram avaliações incríveis de nossos produtos que impressionaram, e muito, os outros clientes. Então fechei uma segunda venda, depois uma terceira, e nossa fama se espalhou como fogo."

Qual é a moral da história de Sandy Crouch? E qual é a moral deste livro todo? Pare de reclamar e colocar a culpa de seus problemas nos outros, e assuma o accountability pelos resultados que precisa. Até hoje, Mike cita Sandy como um ótimo exemplo do incrível poder do accountability. "Sandy viu o problema, *assumiu* as rédeas da situação, descobriu como *resolvê-lo*, depois foi lá e *fez* acontecer. Veja, Aproprie-se, Solucione, Faça: É assim que você aproveita o incrível poder do accountability."

Como muitos que trabalham no turbulento ambiente de negócios atual, você pode compartilhar da mesma ansiedade e desolação que assolam Dorothy, o Espantalho, o Leão e o Homem de Lata ao longo de sua jornada. Porém, no fim, quando finalmente se deram conta da verdade de que somente eles poderiam obter os resultados que desejavam, tais sentimentos desapareceram. Essa percepção substitui o pessimismo pelo otimismo; em lugar de apontar o dedo, aceita-se a responsabilidade, e a vitimização se torna um envolvimento poderoso e proativo, com foco na obtenção dos resultados desejados.

A ausência do accountability pode se instalar em qualquer empresa. A princípio, pode vir, sem aviso prévio, na forma de uma explicação razoável; então, pode tornar-se uma acusação mais agressiva, focada em culpados; e, com o tempo, simplesmente se torna "a maneira como fazemos as coisas por aqui". Tal narrativa pode assumir o controle e inevitavelmente levar ao fracasso de uma empresa. O sucesso deriva da aplicação de uma versão mais proativa do accountability. Uma versão focada em *assumir* o accountability por melhores resultados. E não sobre ser responsabilizado após o fato. Torne o *accountability* a maneira como as coisas funcionam na empresa e observe como os resultados serão diferentes.

Assuma o accountability pelos resultados de que você precisa. Aplique o *Princípio de Oz*. Mantenha-se Acima da Linha para Ver, Apropriar-se, Solucionar, Fazer. Impulsione a si mesmo, sua equipe e sua empresa em direção a um futuro melhor e mais brilhante.

Índice

A

accountability, 1, 9, 31, 56, 91, 131, 152, 173, 193
    abaixo da linha, 19–30, 47
        reconhecer um comportamento, 56
    acima da linha, 20–30, 43
    a essência do, 147
    a importância de definir sua função, 37–38
    avaliação da equipe, 158–160
    compartilhado, 40–47, 117
        criação de equipes multifuncionais, 45
        poder do, 42
        todos são responsáveis, 43
    cultura de, 24, 103–110
    definição, 174
    desempenhar da forma certa, 13
    desempenho do, 15
    individual, 117
    na cultura, introduza o, 185–190
    na linha, 26–30
    no ambiente de trabalho, 107–110
    paradoxo de, 10
    passos do, 6, 19–20
    pelos resultados, 131–150
    pelos resultados da equipe, adquirindo, 151–168
    princípios básicos do, 17–30
    proatividade, 40
    resultados-chave para estimular o, 37–41
    significado, 14–17
    só fazendo se desempenha total, 122–124
    treinamento de, 162
acusações, 185
Advanced Cardiovascular Systems, 69
ajustes de mercado, 2
Allo-Source, 148
ambiente de negócios, 144–148
Andrew S. Grove, 56
Apollo 13, missão, ownership completa, 96–97
aproprie-se, passos do accountability, 71–90
    princípios, 75–85
armadilha da ação, 177
assumir o controle, 16

B

baby boomer, geração, 57
balanced scorecard, 33
Braintrust, 104

C

capital empregado, (ROCE), 5
capital humano, 97–103

ÍNDICE

ciclo de vitimização, 3, 21
    efeitos debilitantes, 138
    passo Solucione evita entrar no, 92
circunstâncias desafiadoras, 94
coaching de accountability, 133
coaching, formas positivas de, 154
comitê dos artesãos, 69
comportamento humano, 172
comportamentos, modelar, 145-147
conflito, 161
controlar seu destino, a essência do accountability, 146-147
conversas difíceis, 62
coragem, a importância da, 147
crenças mudam experiências, 177-180
crescimento pessoal, 16
criar conexões, a importância de, 106
CRM, software de gestão de relacionamento, 95
cuidado e atenção, 88
cultura, 17, 45, 54, 78, 123, 172
    acima da linha, 121, 169-192, 173
    certa versus errada, 174
    com objetivo de alcançar os resultados-chave, 107-110
    corporativa, 172
    de accountability, 24, 103, 123, 156
        pelos resultados, 17
    de engajamento, 141
    de explicação, justificativa e punição, 16
    definição, 174
    de honestidade, 104-106
    empresarial, linguagem comum, 26
    gerencie sua, 190-192
    ignorar e negar, 54
    introduza o accountability na, 185-190
    princípios de mudança cultural, 177-192
    viés de crença, 180-183

D

Dave Brandon, 100
Denis Meade, 148
Dennis Antinori, 47, 48
desculpas, 185
desempenho, 1
    déficit de, 100
    financeiro, 4
    positivo, reconhecer o, 50
    recompensas de, 94
diálogo, a importância do, 60-61
Domino's Pizza, 100-102
Donald N. Smith, 108

E

EBITDA, 145
Ed Catmull, 103
ego, 59
    deixe para melhorar a visão, 57-59
egolatria, 57
Eli Lilly, 82
energia criativa, 91
enfrentar a realidade, 53
engajamento
    a importância de ter, 105-106
    no trabalho, líderes, 59
envolvimento, 87
equipe
    acima da linha, princípios de formação de, 157-168

avaliação do accountability da, 158–160
como manter acima da linha, 152–156
cultura de engajamento, 141
focada, 141–144
Ernest Hemingway, 61
esforço, resultado-chave, 47
essência do accountability, 147
estratégia errônea, 2
evolução profissional, 16
experiências compartilhadas, 179
experiências mudam crenças, 177–180
explicação, 16

F

faça, passos do accountability, 111–130
    princípios do passo, 117–130
fadiga de reunião, 126
falha bem-sucedida, missão Apollo 13, 96
falha coletiva, falta de desempenho, 41
falta de iniciativa, ownership nula, 80
feedback
    a importância de aceitar, 62–65
    construtivo, 156
    ferramenta do App Propeller, 207–208
    respeitosos e construtivos, 161–164
foco, a importância de manter o, 141–144
fronteiras funcionais, 188

G

General Electric, 146
geração

Baby Boomer, 57
millennials, 57
X, 57
Z, 58
gestão de desempenho, 26
Ginger Graham, 69
    relações de feedback, 69
guia de referência, 29

H

habilidades ideais de liderança, 97
humildade, a importância da, 53

I

ideia de negócio, 147–149
importância de
    aceitar feedback, 62–65
    celebrar o sucesso, 49
    coragem, 147
    criar conexões, 106
    definir sua função, 38–39
    manter o foco, 141–143
    pensar de forma diferente, 106–107
    ser persistente, 105
    ter engajamento, 105–106
inclusão, 161
índice de desempenho, 194
inteligência emocional, 97

J

Jack Welch, 45, 146–147
Jill Ragsdale, 92
Joe Newberry, 123
jogo de acusações, 10, 12, 19, 73, 156
justificativa, 16

K

Kelli Valade, 61

ÍNDICE

L

liderança
   acima da linha, 131-150
   a importância da humildade, 53
   objetivo central da, 99
líderes
   acima da linha modelam comportamentos, 145-147
   a importância da humildade, 53
   como treinam pessoas acima da linha, 132-141
   engajamento no trabalho, 59
   identifica os obstáculos, 137-139
   que sabem escutar, 135-137
linha, accountability
   abaixo da, 19-30, 43, 47
      aponte o pensamento e o comportamento, 157-159
      pensamento, 139
      reconhecer um comportamento, 56
   acima da, 20-30, 43
      como líderes treinam pessoas, 132-141
      conquistando ownership, 88-90
      culturas, 169-192
      equipes, 151-168
      esforço como base, 47
      faça perguntas fundamentais, 164-168
      liderança, 131-150
      modelar comportamentos, 145-147
   na linha, 26-30
Lockheed Martin, 11, 13, 69

M

métricas corretas, 148
Mike Stenson, 194
millennials, geração, 57
   desinteressados por seus trabalhos, 58
   e a produtividade, 59
mindset de vitimização, 106
missão unificada, 96
modelar comportamentos, 145-147
modelo de passos do accountability, 153
modelo LIFT de coaching de accountability, 133, 140
mudanças, a fórmula de aceleração de, 2
mudanças necessárias
   defina os resultados-chave para, 37-41

N

narrativa organizacional, 180-192
   compartilhe, 184
   defenda, 184
   identifique, 183
   introduza, 185
níveis de ownership, 76-85

O

O Princípio de Oz, 1, 9, 24, 106, 193
   poder positivo e propulsor do, 194
organização "sem limites", 45
otimismo, para conversas difíceis, 60
ownership, 14, 17
   conexão entre passado, presente e futuro, 72
   definição, 72
   elementos, consenso e participação, 76
   negativa versus positiva, 82
   níveis, 76
      completa, 83-85
         missão Apollo 13, 96
      negativa, 77-78

nula, 79-81
positiva, 80-83
passos do accountability que promovem, 18-20

P

paradoxo de accountability, 10
participação, 76
Partners in Leadership (PIL), 33, 104
passos do accountability, 1, 19-20, 114
    Aproprie-se, 71-90
    Faça, 111-130
    Solucione, 91-110
    Veja, 53-70
pensamento
    abaixo da linha, 139, 157-159
    produtivo, 99
pensar de forma diferente, a importância de, 106-107
persistente, a importância de ser, 105
pirâmide de resultados, 176, 180
Pixar, 103-105
poder propulsor, 24
principais resultados, 29
princípios
    de formação de equipes acima da linha, 157-168
    de liderança acima da linha, 141-150
        comportamentos acima da linha, 145-147
        equipes focadas, 141-145
    de mudança cultural, 177-192
    de ownership, 75
    do accountability, 17-30
    dos resultados-chave, 36-52
princípios dos passos do accountability
    Aproprie-se, 75-85
    Faça, 117-130

aprender com o fracasso, 118-121
nunca desista, 128-129
Solucione, 96-108
    criar conexões, 105-107
    criar espaços, 97-103
    engajamento, 105-107
    envolver mais mentes, 103-105
    manter o objetivo, 107-109
    pensar diferentemente, 105-107
    persistência, 105-107
Veja, 57
    diálogo acessível e honesto, 61
    prática de feedback, 65
proatividade, accountability, 40
produto final, 13
Propeller, aplicativo, 104
    ferramenta Feedback, 207-208
    ferramenta Key Results, 204-206
    ferramenta Solve It, 208
    ferramenta Wisdom, 209
propulsão, ownership positiva, 81
punição, 16

R

Randy Tobias, 82
Ray Burick, 11-13, 69
    comitê dos artesãos, 69
reengajamento mental, 140
reféns da cultura, 172
relacionamento com clientes, 74
relações de feedback, 69
responsabilidade
    adquirida por resultados-chave, 38
    como força positiva, 48
resultados

ÍNDICE

accountability poderoso motor, 11
conquista dos, 152
definindo e destacando, 51-52
resultados-chave, 31-52, 57, 71, 92, 117, 141, 154, 174
    adquirir responsabilidade no trabalho, 38
    aproprie-se conectado aos, 85-88
    cultura para alcançar os, 107-110
    da função de CCO, 92
    desenvolva accountability compartilhado para, 41-48
    esforço como base do trabalho, 47
    ferramenta do App Propeller, 204-206
    importante, 31-32
    memorizável, 31-32
    mensurável, 31-32
    nunca desista até alcançar os, 128-130
    ownership negativa compromete os, 78-79
    princípios, 36-50
    relação entre o que vê e os, 65-68
    trabalho tem efeitos diretos ou indiretos, 85
rotatividade de funcionários, 97-103
Ryan Millar, 41

S

senso de otimismo, 2
Signature Story, 121
silos organizacionais, 4
síndrome
    da roupa nova do imperador, 98
    do super-herói, 98-99
solucione, passos do accountability, 91-110
    princípios do passo, 96-110
soluções
    convencionais, 91
    possíveis, 96
Steve Fisher, 3-8
sucesso, a importância de celebrar, 49
superação das circunstâncias, 37
Sutter Health, 92

T

tentativas fracassadas, aprenda com, 118-121
Teradata, 128
Toyota, 108-110
transformação organizacional, 92
transparência, falta de, 10
treinamento de accountability, 162

V

veja, passos do accountability, 53-70
    princípios de, 56-69
    relação entre o que vê e os resultados-chave, 65-68
viés
    de confirmação, 180
    de crença, 180
visão, deixe o ego para melhorar a, 57-59
vitimização, 138, 156, 185
VSSC, quatro resultados-chave, 36, 39

Conheça propeller™, o App

Alinhe sua equipe.
Inspire a ownership.
Consiga os resultados.

O Propeller [conteúdo em inglês] é um aplicativo que melhora o desempenho da equipe estimulando níveis maiores de engajamento pessoal, ownership e accountability pelos resultados. Recursos intuitivos permitem que você defina e informe os resultados mais importantes da equipe de forma eficaz, forneça coaching aos membros da equipe para que desempenhem ownership pelas coisas certas e ofereça a todos um conjunto de ferramentas práticas, relacionadas aos passos "Veja, Aproprie-se, Solucione, Faça", que inspiram accountability positivo e impactam os resultados.

    O aplicativo, que pode ser usado por equipes de todos os tamanhos, por meio de telefones, tablets e computadores, envolve os membros da equipe em quatro áreas de colaboração e aprendizado de valor agregado e comprovadas ao longo do tempo.

- Key Results [Resultados-chave] — Alinhamento em relação aos resultados mais importantes que devem ser conquistados por meio do trabalho coletivo da equipe.

- Feedback — Oferecendo e recebendo coaching ao mesmo tempo, fomentando mindsets proativos e descobrindo áreas de crescimento pessoal que mais causam impacto no sucesso da equipe.

- Solve It [Solucione] — Colaborando para superar obstáculos e acelerar o progresso acerca dos Resultados-chave.

- Wisdom [Sabedoria] — Aplicando diariamente princípios e ferramentas buscando desenvolver uma Cultura de Accountability para obter os resultados necessários.

Key Results [Resultados-chave]

Faça com que todos estejam alinhados e focados e mantenha-os dessa forma — rapidamente e de maneira eficaz.

Garantir a clareza e sintonia sobre os resultados comuns é fundamental para uma liderança eficaz, mas mesmo aqueles líderes que são qualificados e experientes lutam para definir e comunicar os resultados de maior importância — os Resultados-chave — sobre os quais precisam que as pessoas desempenhem accountability. O desafio se torna ainda maior diante das revoluções de mercado cada vez maiores, alta velocidade das mudanças, expansão do trabalho remoto, descomprometimento epidêmico que afeta as forças de trabalho nacionais e internacionais e o efeito silo na comunicação, que deixa as questões dos funcionários passarem despercebidas e ficarem sem resposta, permitindo que se instaure confusão onde é necessário clareza.

A ferramenta Key Results [Resultados-chave] do *app* permite que os líderes acabem com os ruídos e confusões definindo claramente, e comunicando efetivamente, os Resultados-chave e alinhem os membros da equipe acerca de seu compromisso de alcançá-los. Como um aplicativo pode fazer isso?

Definindo e Comunicando os Resultados-chave

O aplicativo oferece orientações e ferramentas que permitem aos líderes de equipe, independentemente de seu tipo ou tamanho, elaborar Resultados-chave significativos, mensuráveis e memoráveis — resultados que fazem sentido, promovem um senso de propósito e inspiram comprometimento.

Quando os líderes adicionam um Resultado-chave no aplicativo, os membros da equipe recebem e-mails e notificações, e o aplicativo coloca essas prioridades na ponta dos dedos de todos em uma página de Resultados-chave exclusiva e interativa. A equipe também pode acompanhar o status atual de cada resultado — no caminho certo, correndo risco ou fora de rumo — conforme for definido pelo líder.

Em conjunto com os Resultados-chave, os líderes podem enviar para sua equipe mensagens de vídeo por meio do aplicativo para fomentar compreensão e aceitação, celebrar vitórias e compartilhar notícias importantes.

Desenvolvendo e Cultivando o Alinhamento

Dentro de cada Resultado-chave, líderes e membros da equipe têm acesso a quatro canais de comunicação que promovem alinhamento.

- **Updates** — No qual os líderes comunicam à equipe o progresso feito em direção ao Resultado-chave.
- **Q&A [Perguntas e Respostas]** — No qual os membros da equipe transmitem abertamente comentários e questionamentos sobre o resultado, e os líderes respondem em tempo real, garantindo a compreensão e promovendo o propósito comum.
- **My Impact [Meu Impacto]** — No qual líderes e integrantes da equipe colaboram para descrever como todos contribuem de forma pessoal para o resultado. Enquanto as declarações do Meu Impacto são incorporadas, o vínculo de cada um com os principais resultados se torna transparente para toda a equipe.
- **Ownership** — No qual os integrantes da equipe, confidencialmente, definem seu nível de ownership, e o nível geral de ownership da equipe é avaliado de forma objetiva — fornecendo afirmações para quando o nível de aceitação for alto, assim como um aviso prévio em caso de um declínio de ownership colocar um Resultado-chave em risco.

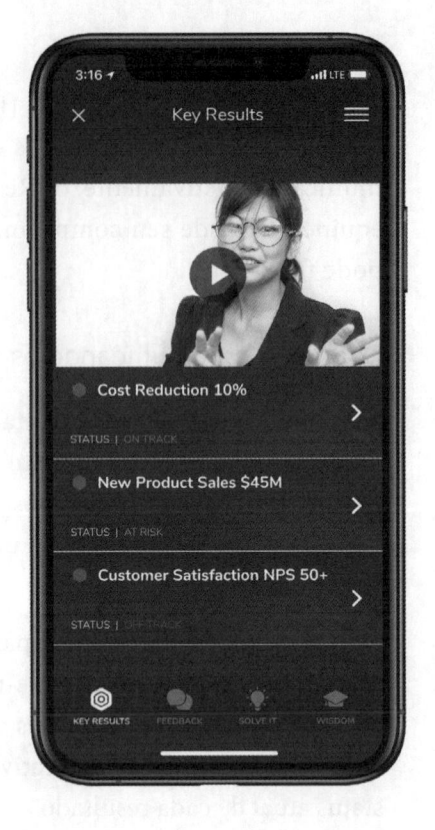

Feedback

Forneça e receba feedback que aja como um propulsor para sua equipe.

A ferramenta Feedback do *Propeller* permite que as equipes rapidamente aumentem o feedback, acelerando o crescimento pessoal e expandindo a capacidade de chegar aos resultados desejados. No *Propeller*, o feedback é aproveitado pelos líderes e integrantes das equipes de quatro maneiras:

- **Endorse [Endosso]** — Com base em um conjunto de cartões de accountability, os integrantes reconhecem colegas que demonstram mindsets e comportamentos que geram resultados.
- **Exchange [Troca]** — Os membros da equipe buscam e oferecem feedback por meio de um fluxo de trabalho simples, vinculando a comunicação respeitosa e construtiva aos valores e objetivos compartilhados.
- **Suggest [Sugestão]** — Os integrantes compartilham ideias incríveis que aceleram o progresso em direção aos Resultados-chave.
- **My Feedback [Meu Feedback]** — Aqui, todos controlam e dão continuidade a suas trocas de feedback ao longo do tempo.

💡 Solve It [Solucione]

Acelere a geração de ideias e a solução de problemas reunindo o conhecimento e as informações de toda sua equipe.

A ferramenta Solve It [Solucione] do *Propeller* permite que líderes e integrantes da equipe identifiquem e comuniquem a todos os membros soluções para os problemas que surgirem. Em Solucione, líderes e membros da equipe podem:

- Rapidamente compartilhar todas as questões, problemas ou obstáculos de toda a equipe que atrapalham o progresso em direção aos Resultados-chave.
- Maximizar a participação da equipe para encontrar e classificar as melhores soluções.
- Acompanhar problemas importantes e colaborar em soluções para acelerar o progresso.
- Classificar as soluções sugeridas de acordo com as preferências pessoais e da equipe.
- Compartilhar as soluções adotadas para que a equipe continue informada e alinhada.

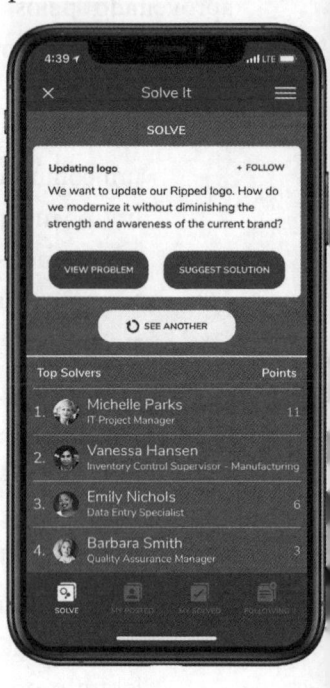

Boa Jogada

O *Propeller* tem apelo no desejo natural de conquista e reconhecimento, atribuindo pontos para solução de problemas, trocando feedbacks e recebendo recomendações. Uma tabela de classificação no Solucionar também analisa os dez "principais solucionadores" do time.

🎓 Wisdom [Sabedoria]

Amplie o conhecimento de sua equipe acerca de cultura, accountability e resultados.

Na ferramenta Wisdom [Sabedoria] do *Propeller*, os princípios e modelos que criam mais responsabilidade pelos resultados ficam a um toque de distância para serem usados em reuniões, encontros individuais e trabalho diário. Pequenas lições acompanham cada princípio e modelo, fornecendo breves explicações, instruções e links rápidos para os recursos do aplicativo que traduzem conceitos para a prática.

ᖰ propeller™

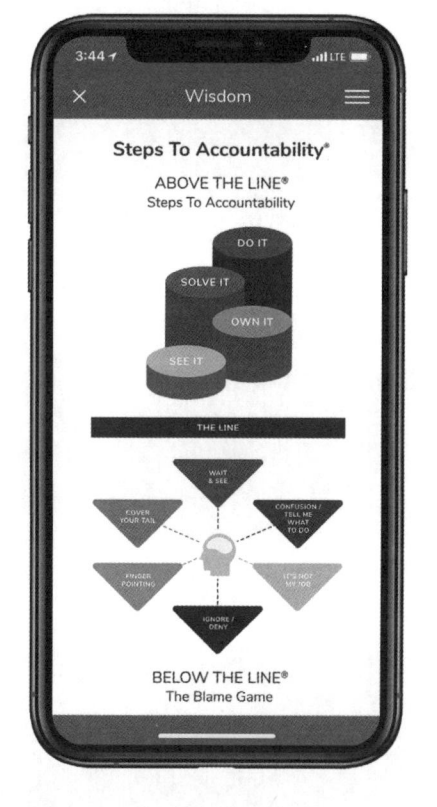

Tanto o título do livro original, *Propeller* [em inglês, traduzido como *Propulsor* pela Editora Alta Books], quanto o nome do aplicativo, também *Propeller*, foram escolhidos porque abrangem, em uma palavra, o que cada um visa criar: **movimento acelerado na direção necessária.** Por mais assustadores que sejam os obstáculos enfrentados, este livro aprofundará sua determinação em assumir o accountability pelos seus resultados — passados, presentes e futuros. *Propeller*, o aplicativo [conteúdo em inglês], ajudará a colocar as lições de sua versão em livro em prática para alinhar sua equipe e empresa, com o foco no que mais importa. Visite **www.propellerapp.com**[*] [conteúdo em inglês] para mais informações.

---

[*] A Editora não é responsável pela atualização e nem manutenção do conteúdo da página.

Projetos corporativos e edições personalizadas
dentro da sua estratégia de negócio. Já pensou nisso?

Coordenação de Eventos
Viviane Paiva
viviane@altabooks.com.br

Assistente Comercial
Fillipe Amorim
vendas.corporativas@altabooks.com.br

A Alta Books tem criado experiências incríveis no meio corporativo. Com a crescente implementação da educação corporativa nas empresas, o livro entra como uma importante fonte de conhecimento. Com atendimento personalizado, conseguimos identificar as principais necessidades, e criar uma seleção de livros que podem ser utilizados de diversas maneiras, como por exemplo, para fortalecer relacionamento com suas equipes/ seus clientes. Você já utilizou o livro para alguma ação estratégica na sua empresa?

Entre em contato com nosso time para entender melhor as possibilidades de personalização e incentivo ao desenvolvimento pessoal e profissional.

PUBLIQUE SEU LIVRO

Publique seu livro com a Alta Books.
Para mais informações envie um e-mail para: autoria@altabooks.com.br

/altabooks   /alta-books   /altabooks   /altabooks

CONHEÇA OUTROS LIVROS DA ALTA BOOKS

Todas as imagens são meramente ilustrativas.